航海系列教材

船舶驾驶台值班与操作

高 亮 李良修 主 编

中国海洋大学出版社

·青岛·

图书在版编目(CIP)数据

船舶驾驶台值班与操作 / 高亮,李良修主编 . -- 青
岛:中国海洋大学出版社,2023.8
ISBN 978-7-5670-3583-6

Ⅰ. ①船… Ⅱ. ①高… ②李… Ⅲ. ①船舶驾驶
Ⅳ. ①U675

中国国家版本馆 CIP 数据核字(2023)第 154471 号

船舶驾驶台值班与操作

CHUANBO JIASHITAI ZHIBAN YU CAOZUO

出版发行	中国海洋大学出版社		
社　　址	青岛市香港东路 23 号	**邮政编码**	266071
出 版 人	刘文菁		
网　　址	http://pub.ouc.edu.cn		
订购电话	0532-82032573(传真)		
责任编辑	王　慧	**电　　话**	0532-85902533
印　　制	日照日报印务中心		
版　　次	2023 年 8 月第 1 版		
印　　次	2023 年 8 月第 1 次印刷		
成品尺寸	170 mm ×240 mm		
印　　张	10. 00		
字　　数	178 千		
印　　数	1～1 000		
定　　价	52. 00 元		

发现印装质量问题,请致电 0633-2298958,由印刷厂负责调换。

前　言

PREFACE

为了更好地履行《STCW 公约马尼拉修正案》和交通运输部颁布的《中华人民共和国海船船员适任考试和发证规则》,进一步提高船员素质,使参加考试的学生更好地掌握专业知识,强化对《海船船员培训大纲(2021 版)》中内容的理解,从容面对全国统考,我们组织了航海技术专业任课教师认真领会《海船船员培训大纲(2021 版)》的要求,在总结本学院航海教研室多年教学和船员培训经验的基础上,编写了《船舶驾驶台值班与操作》一书。

本书在中国共产党第二十次全国代表大会胜利召开之际编写并完善,编者对党的二十大精神和习近平新时代中国特色社会主义思想有了更为全面、系统、深入的理解,坚持认真落实立德树人根本任务,坚持为党育人、为国育才,期望本书有助于全面提高航海人才的自主培养质量。

本书以船舶的实际情况和船舶安全为出发点,内容系统、全面,适合于航海类专业的学生学习、使用,也可供船员参加适任证书培训、考试使用。

本书以行动为导向,以任务为引导,图文并茂,通俗易懂,便于学生掌握。

本书在编写过程中参阅、引用了相关文献资料,在此一并对编者致以衷心的感谢。

由于编者的水平有限,书中的不足之处在所难免,恳请前辈、同行和读者批评指正,使之日臻完善。

编　者

2023 年 3 月

目 录
CONTENTS

项目一 »»»

航线设计与应用

习近平总书记在党的二十大报告中指出：我们对新时代党和国家事业发展作出科学完整的战略部署，提出实现中华民族伟大复兴的中国梦，以中国式现代化全面推进中华民族伟大复兴，统揽伟大斗争、伟大工程、伟大事业、伟大梦想，明确"五位一体"总体布局和"四个全面"战略布局，确定稳中求进工作总基调，统筹发展和安全，明确我国社会主要矛盾是人民日益增长的美好生活需要和不平衡不充分的发展之间的矛盾，并紧紧围绕这个社会主要矛盾推进各项工作，不断丰富和发展人类文明新形态。

在党的二十大报告中，习近平总书记对统筹发展和安全做了要求。航线设计作为海上航行的必要工作，同样要遵循安全的原则，还要经济、合理。船舶开航前船舶驾驶员结合船舶本身条件、气象条件、航路转向避让、船舶定线措施、载重线、禁止航行区等因素，在准确、充足地收集用于设计航线信息的前提下，根据航次安排设计出一条安全、经济、合理的计划航线。

任务一 海图及图书资料改正

一、任务内容

（一）根据《中国海图符号识别指南》正确查阅、识读中版海图图式

将主要地理地貌、航行障碍物、助航标志、港湾设施、海流、潮流等航海要素，用特定的符号、缩写、注记、图例等画在海图图网上，经过制版、印刷从而制成海图。在海图上绘制的符号、缩写、注记、图例等叫作海图图式。目前我国的海图是根据国家质量技术监督局发布并于1999年5月实施的《中国海图图式》（GB12319-1998）绘制的，英版海图则是根据《英版海图符号与缩写》绘制的。常见海图图式及说明如下。

1. 高程海图图式

高程海图图式如表 1-1 所示。

表 1-1　高程海图图式

类别	高程海图图式	说明
等高线及高程点		实线是精测等高线
草绘等高线及概略高程		虚线描绘的等高线为草绘等高线
山形线及高程点		无高程数据的等高线是山形线
建筑物高程	▲ 15	高程基准面至建筑物基部地面高度
建筑物顶高	▲ (33)	高程基准面至建筑物顶端高度
建筑物比高	▲ (6)	建筑物基部地面至顶端高度
树梢概略高度	8	高程基准面至树梢顶端高度

2. 海图水深图式

海图上表示水深的斜体数字表示出版海图前水深经过实测,或者是比例尺为 1∶500 000 及更小比例尺的海图水深。表示水深的直体数字表示深度不准确,或为采自旧海图或小比例尺海图的水深。例如,12、9_2 为斜体水深,12、9_2 为直体水深,其中下标为水深数值小数点后面的部分,9_2 读作九点二米。

3. 特殊水深图式

⎯•⎯ 表示未测到底的水深,指测到一定深度尚未到底。

$\frac{•}{100}$ 表示在该处以 100 m 测深,仍未到底。

⎯ 表示用扫海的方法测量的水深,如 $\underline{25}$ 表示扫海深度为 25 m。

等深线是水深相等的点的连线,数字是该等深线的水深,等深线有时可用来辨别船位。

常见水深海图图式如图 1-1 所示。

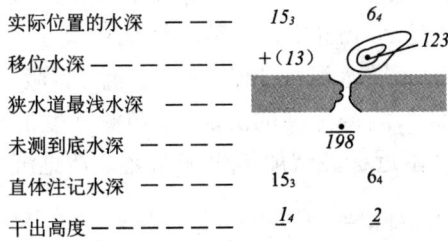

图 1-1 常见水深海图图式

实际位置的水深	15_3 6_4 123
移位水深	$+(13)$
狭水道最浅水深	
未测到底水深	$\underline{198}$
直体注记水深	15_3 6_4
干出高度	$\underline{1_4}$ 2

图 1-1 常见水深海图图式

4. 海底底质图式

在海图上以一定间距标注所处区域的海底底质，有沙(sand, S)、泥(mud, M)、黏土(clay, Cy)、石(stone, St)、岩石(rock, R)、珊瑚(coral, Co)和贝(sheels, Sh)等。底质的标注顺序是先标注形容词，后标注底质种类名词，如软泥(soM)。对混合底质，先标注成分多的，后标注成分少的，例如，泥沙表示泥多于沙的混合底质。对上、下层成分不同的分层底质，先标注上层底质，后标注下层底质，例如，沙/泥表示该区域底质上层为沙，下层为泥。海底底质图式如图 1-2 所示。

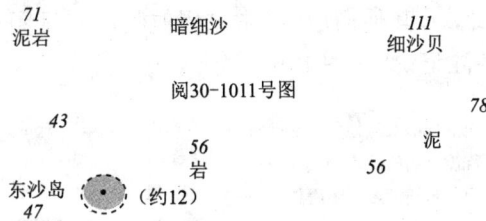

71 泥岩　　　暗细沙　　　　　111 细沙贝

阅30-1011号图　　　　　78

43　　　56　　　　　泥 岩　　56

东沙岛 (约12) 47

图 1-2 海底底质图式

5. 礁石图式

礁石为海中突出、孤立的岩石。礁石又细分为明礁、干出礁、适淹礁、暗礁。明礁是平均大潮高潮时露出的孤立岩石。干出礁是平均大潮高潮面下，深度基准面以上的孤立岩石。适淹礁是深度基准面适淹的礁石。暗礁是深度基准面以下的孤立岩石。常见礁石图式如图 1-3 所示。

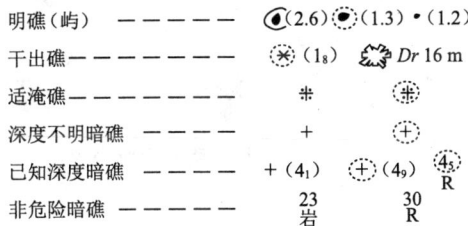

明礁(屿)	(2.6) (1.3) (1.2)
干出礁	(1_8) $Dr\,16\,m$
适淹礁	
深度不明暗礁	+
已知深度暗礁	$+(4_1)$ (4_9) 4_3 R
非危险暗礁	23 岩 30 R

图 1-3 常见礁石图式

6. 沉船及碍航物图式

危沉船分为部分船体露出或桅杆露出深度基准面的沉船、危险沉船(中版海图中其上水深不超过 20 m 的沉船、英版海图中其上水深不超过 28 m 的沉船)、非危险沉船(中版海图水深大于 20 m 的沉船、英版海图中水深大于 28 m 的沉船)、经扫海的沉船、测得深度的沉船、未精测深度的沉船。分别用相应的图式来表示,有的在其附近标注沉船年份和船名。常见沉船图式见图 1-4。

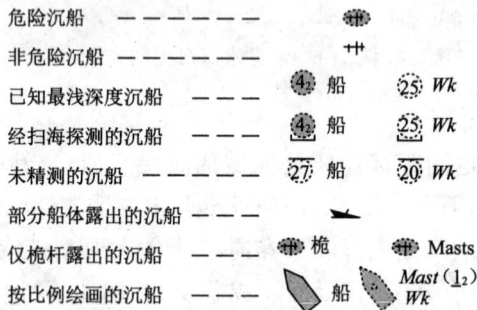

图 1-4 常见沉船图式

7. 其他碍航物图式

除礁石和沉船之外,其他碍航物(常见碍航物图式见图 1-5)一般以符号表示,有时也会用文字注记说明(图 1-6)。

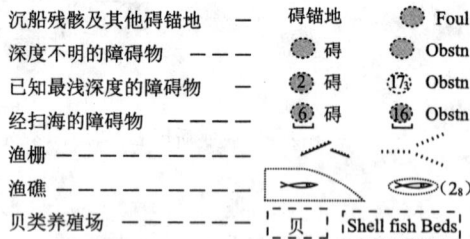

图 1-5 常见碍航物图式

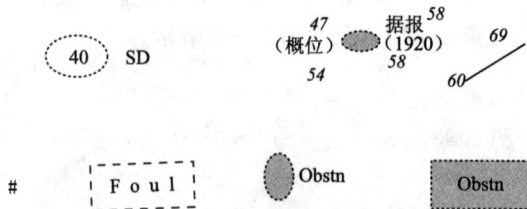

图 1-6 有文字注记说明的碍航物图式

8. 重要航标图式

重要航标图式见图1-7。

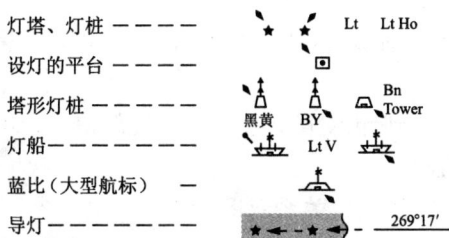

图 1-7　重要航标图式

9. 雷达信标图式

雷达信标图式见图1-8。

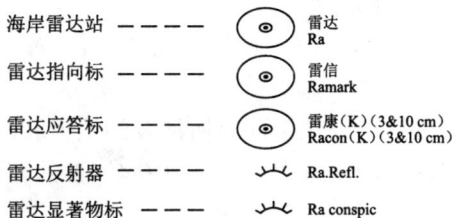

图 1-8　雷达信标图式

10. 其他常用海图图式

其他常用海图图式见图1-9。

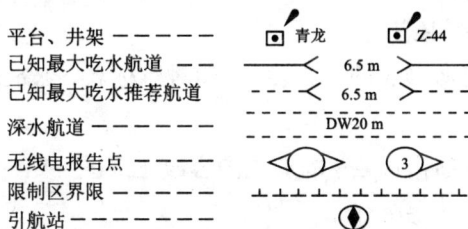

图 1-9　其他常用海图图式

（二）根据中版《航海通告》查阅有关海图、图书的出版改正信息

中版《航海通告》由中国人民解放军海军司令部航海保证部（以下简称海军航保部）发布，主要内容有助航设备更改情况，水中危险物和障碍物的发现及清除情况，水工建筑物的变化情况，各种界限、航行规章制度、航行方法及确保航行安全规定的变更情况，发布新版航海图书出版消息，刊登仍有效的无线电航海警告等。它是改正海图、航路指南和其他航海图书资料的依据。

中版《航海通告》包括四部分内容。

1. 第一部分:图书消息、航海信息、索引

该部分中包括三项内容。

(1)图书消息:列明新版、改版及航海图书的出版信息。可查阅海图及图书出版的最新情况。

(2)航海信息:发布刊印水上交通方面的最新信息,如新的规定、规则及最新的与航海有关的消息。

(3)索引有地理区域索引、关系海图索引。

地理区域索引,列明本期通告内容所涉及的地理区域索引。

关系海图索引,列明本期通告内容所涉及的中版海图。可通过该索引查找在本期通告中某海图需要改正的内容或需要进行改正的相关海图。

2. 第二部分:海图改正、临时通告及预告

本部分内容有以下两部分。

通告对海图的改正内容,航海人员依据通告内容,对所使用的海图进行改正。

航海通告正文包括通告号、通告内容所涉及的位置和海区、通告标题、具体的通告信息、通告内容涉及的关系海图、通告内容涉及的相关出版物、通告内容的来源。

发布以前发布的,但仍然有效的临时通告。

3. 第三部分:航行警告

本部分刊印覆盖国际 NAVAREA XI 航区以前发布、仍然有效的和最新发布的无线电航行警告。

4. 第四部分:航海书表改正

本部分刊印有航海书表的改正信息,如对航标表、航路指南、港口指南进行改正的具体内容。

(三)根据中版《航海通告》的有关内容改正海图

海图的改正的操作步骤如下。

步骤一:利用海图图书登记册从航海通告的第二部分前的相关海图索引找到需要修改的海图图号及其通告号。

步骤二:利用第二部分的海图图夹索引由通告号找到相应页码。

步骤三:翻到相应的页,找到海图的改正信息。

步骤四:根据海图的改正信息去修改相应的海图,并在海图的左下角写好改正内容。

使用《航海通告》中的改正信息对海图进行改正。《航海通告》通常每周出版一期,不同国家还有每月、每季、每年的汇编、摘要的出版。一般每年出 52

期。通告可分为永久性通告、临时通告、预告。永久性通告的改正是在海图左下角的"小改正"处用红笔登记通告的编号和年份。临时通告和预告的改正是在海图左下角的"小改正"处另起一行用铅笔进行登记。

二、任务训练

（一）实操题卡

（1）识别下列中版海图图式表示的意义。（5分）

①✳　　　②M

（2）从2008年第26期中版《航海通告》中查阅海图改版消息。（5分）

（3）从2008年第26期中版《航海通告》中查阅航标表G102的改正信息。（5分）

（4）根据2008年中版《航海通告》，在海图12100上进行海图改正并登记。（10分）

（二）实操标准

按《中华人民共和国海船船员适任评估规范》要求，实操题（1）的实操标准如下。

① 查阅、识读正确，熟练。（5分）

② 查阅、识读正确，比较熟练。（4分）

③ 查阅、识读正确，熟练程度一般。（3分）

④ 查阅、识读较差。（2分）

⑤ 查阅、识读差。（1分）

⑥ 无法完成查阅、识读。（0分）

实操题（2）与（3）的实操标准相同，如下。

① 查阅正确，熟练。（5分）

② 查阅正确，比较熟练。（4分）

③ 查阅正确，熟练程度一般。（3分）

④ 查阅较差。（2分）

⑤ 查阅差。（1分）

⑥ 无法完成查阅。（0分）

实操题（4）的实操标准如下。

① 海图改正正确，熟练。（10分）

② 海图改正正确，比较熟练。（8分）

③ 海图改正正确，熟练程度一般。（6分）

④ 海图改正较差。（4分）

⑤ 海图改正差。（2分）

⑥ 海图改正无法完成。（0 分）

（三）实操题答案/打分标准

实操题(1)答案：① ⊞ 适淹礁；　　② M 淤泥。

实操题(2)答案：改版海图图号 14293，图名猴屿至湖山煤码头，改版时间：2008 年 4 月。备注：2007 年 5 月版 14293 作废。

实操题(3)答案：在第四部分 3～5 页。

实操题(4)打分标准：根据考生改正海图的作图规范性、位置准确性及是否进行登记的情况打分。

任务二　抽选海图及图书资料

一、任务内容

（一）抽选航次所需的全部海图

设计航线之前，首先要根据航次任务抽选出航次中所用的全部海图。

航次海图的抽选，要遵照以下原则：根据航次任务，确定航线所要航经的海区；抽选航用海图。

使用最新版《航海图书总目录》，按航次航线所经海区，依次抽选所使用的航用海图，依次为总图、航行图、沿岸图和港泊图。

根据起始港和目的港，确定航线所经海区及大体走向，在总图上设计出航线。在航用图上依据总图的设计绘画航线，并在航行中进行海图作业。港泊图主要用于船舶抵/离港、靠/离泊、锚泊等需要大比例尺海图时。

（二）抽选航次所需的全部图书

利用《航海图书目录》抽选航次需要的相关航海图书。

（1）抽选《中国航路指南》。

（2）抽选《中国港口指南》。

（3）抽选《航标表》。

（4）抽选《潮汐表》。

（三）检验海图及图书是否适用

依据《航海图书目录》检验海图及图书信息的有效性。步骤如下。

（1）翻至该目录的"海图图号索引"，根据抽选的海图图号，查得该图所在页码。

（2）翻到该图所在页，内容包括图名、图号、比例尺、出版日期、新版日期等。将本船所存的航海图的出版日期、新版日期与本年度最新版目录中该图标明的日期对比，从而判断该海图是否适用。

二、任务训练

(一)实操题卡

某轮船长 135.47 m,宽 19.50 m,总吨位 7 833.00 t,净吨位 5 200.00 t,吃水 9.0 m,船速 15 kn。第 31 航次计划 2010 年 8 月 15 日 1000 时从厦门开往香港,按相关资料设计一条合理的计划航线并完成以下题目。

抽选海图及图书资料(20 分)

(1)抽选航次所需全部中版海图。(10 分)

(2)抽选航次所需的中版《航路指南》。(5 分)

(3)根据 K102,检验海图 14000 是否适用并简述理由。(5 分)

(二)实操标准

按《中华人民共和国海船船员适任评估规范》要求,实操题(1)、(2)、(3)的实操标准如下。

实操题(1)的实操标准如下。

① 全部海图图号正确,熟练。(10 分)

② 全部海图图号正确,比较熟练。(8 分)

③ 全部海图图号正确,熟练程度一般。(6 分)

④ 抽选海图能力较差。(4 分)

⑤ 抽选海图能力差。(2 分)

⑥ 不会抽选海图。(0 分)

实操题(2)的实操标准如下。

① 全部图书书号正确,熟练。(5 分)

② 全部图书书号正确,比较熟练。(4 分)

③ 全部图书书号正确,熟练程度一般。(3 分)

④ 抽选图书能力较差。(2 分)

⑤ 抽选图书能力差。(1 分)

⑥ 不会抽选图书。(0 分)

实操题(3)的实操标准如下。

① 正确,熟练。(5 分)

② 正确,比较熟练。(4 分)

③ 正确,熟练程度一般。(3 分)

④ 检验得较差。(2 分)

⑤ 检验得差。(1 分)

⑥ 不会检验。(0 分)

（三）实操题答案

实操题（1）答案：总图图号为 14000, 15010；航行图号为 14249, 14300, 15100, 15300, 15370。

实操题（2）答案：A102, A103。

实操题（3）答案：根据 K102 查得海图 14000 的出版时间为 2006 年 7 月，所使用的海图出版时间为 1986 年 6 月，因此已不适用。

任务三　查阅航海图书资料

一、任务内容

（一）利用中版、英版《航路指南》查找有关航海资料

（1）中版《航路指南》共三卷，每卷的主要内容如下。

第一章为总述，介绍本卷所含海区的自然地貌、气象、水文、航路、港湾、锚地、航标、航海保证等情况。

第二章从北向南，分区顺岸详细介绍有关航海资料，包括航段概况、水文气象、助航标志、碍航物、港湾锚地、水道航法等。

（2）英版《航路指南》的主要内容如下。

每卷第一章是本卷所含区域的总述，包括一般航海知识和规则、国家和港口、自然因素。

第二章以后各章，分区顺岸叙述航海有关内容。

（3）查阅中版《航路指南》的步骤如下。

步骤一：根据航区，抽选相应卷别的《航路指南》。

步骤二：如需查找整个海区的总的情况和航线情况，可根据目录查得具体资料所在页码，即可查得相关资料。

步骤三：如需了解某具体位置的水文气象、航法和航行注意情况等，可根据地理位置在卷首部分的本卷航路指南索引图中查得该海区所在章节，再根据该章节编号查阅本卷目录，可知该章节所在的页码，翻至该页即可查阅有关内容（也可根据具体地理位置直接查目录）。

步骤四：阅读《航路指南》时，应对照有关海图进行研究。

（4）《航路指南》所提供的资料用以弥补海图资料的不足。因此，在拟定航线时，除参阅《世界大洋航路》、航路设计图等资料外，还应同时参阅《进港指南》的有关内容。

（5）查阅英版《航路指南》的步骤如下。

步骤一：使用时首先根据航区，抽选相应卷别的英版《航路指南》。

步骤二：在阅读《航路指南》时，若对其内容和编排不很熟悉，应先了解其

正文前的说明,善于使用目录和索引查找资料,并适当参考书中提供的索引图,有的卷别的第二章为航线介绍,该章索引图对于航线的查取非常有帮助。

步骤三:如需了解该卷《航路指南》所述地区的总的情况,即可查阅第一章的目录,查找其所在页的页码,再按页码找到所需资料;亦可按所需内容名称查书末索引,得其所在章节号,再按章节号找到所需资料。

步骤四:如需了解沿岸及各港的有关航海说明,则应利用书末索引,按地名查其所在章节号,再按章节号去找所需资料。

步骤五:阅读《航路指南》时,应查阅其最新补篇和与《航路指南》有关的航海通告。

步骤六:阅读《航路指南》时,应对照有关海图进行研究。

(二)利用中国《航标表》、英版《灯标雾号表》查阅某灯标和差分全球定位系统的详细资料

1.《航标表》简介

中国《航标表》是由中国海军航保部编制的,对中国沿海航标进行了介绍、说明。中国《航标表》按地理区域位置,由北向南进行编排,包含三个海区,以G为代码,编号依次为 G101(黄、渤海海区)、G102(东海海区)、G103(南海海区)。

中国《航标表》共有三卷,内容编排大致相同,每卷对所含海区的灯标进行了相关描述。每一卷的内容大致分为八个部分。

(1)从目录中可查取航标的相关信息。

(2)说明:对航标表内容进行了相关的说明。

(3)航标灯质图解:用文字或者图示对灯标的灯质进行说明。

(4)《中国海区水上助航标志》国标简图:用文字和图解的方式对中国沿海的侧面标、方位标、孤立危险标、安全水域标、专用标等水上助航标志进行说明。

(5)有该卷所含海区内的分区航标索引图。

(6)航标表:将该卷所含海区分为若干分区,对所含区域内的灯标进行详细的描述。主要内容有灯标的全国统一编号、地理位置名称、地理坐标位置、灯标的特征、灯质、结构及本身的结构高度、备注和附记。

(7)罗经校正标、测速标表:以插图形式,刊印该卷所含海区范围内的罗经校正场和测速场,以文字描述罗经校正场内的罗经校正标、测速场内的测速标的细节。

(8)有该卷所含海区范围内的无线电指向标定位系统分布图及相关描述。

2.对航标的查阅

对某一灯标的查阅方法有两种。

(1)利用航标索引图查取:首先根据要查取的航标的地理位置判断其所在

海区,在海区航标索引图中找到该航标所在页码,然后翻至该页查取此航标的详细信息。

（2）利用灯标表直接查阅:首先根据要查阅的灯标地理位置判断其所在海区,直接利用灯标表,查取海区所在页码,然后在该海区所在页中,查阅该灯标的详细信息。

在航标索引图中,一些海区只刊印主要的灯标,一些小的灯标没有刊印,只能在索引中查找该浮标所在海区的页码,再翻阅至该页,进行查阅。

后来新增的航标,用带有小数点的编号表示。

可使用总目录,对罗经校正场和测速场进行查阅。首先,在总目录中查阅罗经校正标、测速标表;然后,查取该校正场和测速场所在页码;最后,翻阅至该页,查阅相关信息。

二、任务训练

(一)实操题卡

某轮船长 136.47 m,宽 18.50 m,总吨位 7 835.00 t,净吨位 5 300.00 t,吃水 9.0 m,船速 15 kn。第 32 航次计划 2020 年 8 月 15 日 1000 时从厦门开往香港,按相关资料设计一条合理的计划航线并完成以下题目。

查阅航海图书资料(10 分)

（1）根据 A103 查阅部分推荐航线信息资料。（5 分）

（2）利用所选 G103,查阅横澜岛灯塔的详细资料。（5 分）

(二)实操标准

按《中华人民共和国海船船员适任评估规范》要求,实操题(1)与(2)的实操标准相同,如下。

① 查找正确,熟练。（5 分）

② 查找正确,比较熟练。（4 分）

③ 查找正确,熟练程度一般。（3 分）

④ 查阅和改正能力较差。（2 分）

⑤ 查阅和改正能力差。（1 分）

⑥ 不会查阅和改正。（0 分）

(三)实操题答案

实操题(1)的答案:在第 33-35 页,航线三。

实操题(2)的答案:在第 223 页,编号 0137。（注:所使用的航海图书资料的版本不同,页码等信息也不同）

任务四　绘画航线、编制航线表

一、任务内容

（一）根据要求绘画恒向线航线并适当地标注

结合相关航海图书资料及信息，结合本船实际航行情况，根据航海资料中的推荐航线，或结合自身的航海实践经验，在相关航用海图上设计出具体航线。

航线的设计和绘画步骤：先在总图上设计出计划航线。再将总图上的各段计划航线逐一转移，绘画至航行分图上。

具体航线的设计和绘画方法如下。

根据航线的类型，灵活进行航线设计和海图绘画。

如果使用航海图书资料中的推荐航线，则将推荐航线上的各个航路点依次在总图上标出，再用直线进行连接，并对各航段的航向及航程进行标注。

如果不完全使用航海图书资料中的推荐航线，而是在推荐航线基础上自行设计，首先选择起始船位，再确定第二个转向点，用直线进行连接。完成后，仔细核验该航线是否安全、经济，如果不符合航线设计原则，就进行适当调整，从而设计出符合要求的航段航线。以此类推，直至航线设计完毕。

具体航线的标注要求：画出计划航线后，要在航线的相关位置上进行正确、规范的标注。总图上和航行分图上的相关标注要保持一致。

航线标注内容如下。

（1）在航线的某一侧，用尺寸适当、与航线平行的矢量线，表示航段航向。并在矢量线上方标注航向，例如，CA270° 表示计划航向 270 度。在矢量线的下方标注此航段的航程。在航程的数字前加大写字母 D，例如，D 10′.0 表示该航段的航程是 10n mile。

（2）航路点的标注：在航线上的每一个航路点应标注的内容有转向点的指示符号、航路点的编号、航路点的位置（经纬度）、该航路点至下一个航路点的距离、该航路点至目的港的距离。

（3）接图点的标注：设计一条航程长的航线，可能使用几张航线设计总图和数十张甚至上百张航行分图。设计完一张海图的航线后，要接下一张相关海图继续设计航线，必须选择一个合适的接图点使两张海图结合。

选择接图点时，必须在前、后海图的共有区域内选择。根据前、后海图比例尺的大小适当选取。

在前、后海图上，均要对接图点的位置进行标注，且标注内容必须一致。

在接图点位置作一小段与航线垂直的线段，在垂直线段适当的一端作一条与垂直线段相接的水平线，将接图点的经度、纬度及要接的海图图号标注在水平线段的上方。

（二）编制航线表

航线设计、绘画结束,经过认真、仔细、反复检查,确认无误后,按要求填写船舶航次计划报告表。

二、任务训练

（一）实操题卡

某轮船长 136.47 m,宽 18.50 m,总吨位 7 933.00 t,净吨位 5 200.00 t,吃水 9.0 m,船速 15 kn。第 36 航次计划 2020 年 8 月 15 日 1000 时从厦门开往香港,按相关资料设计一条合理的计划航线并完成以下各题。

绘画航线、编制航线表（30 分）

（1）设计航线并作适当标注。（20 分）

（2）根据所画航线编制航线表。（10 分）

（二）实操标准

按《中华人民共和国海船船员适任评估规范》要求,实操题（1）与（2）的实操标准如下。

实操题（1）的实操标准如下。

① 绘画正确,熟练;标注正确,熟练。（20 分）

② 绘画正确,比较熟练;标注正确,比较熟练。（16 分）

③ 绘画正确,熟练程度一般;标注正确,熟练程度一般。（12 分）

④ 绘画和标注能力较差。（8 分）

⑤ 绘画和标注能力差。（4 分）

⑥ 设计航线明显违反安全原则。（0 分）

实操题（2）的实操标准如下。

① 内容翔实、正确,熟练。（10 分）

② 内容翔实、正确,比较熟练。（8 分）

③ 内容翔实、正确,熟练程度一般。（6 分）

④ 编制航线表的能力较差。（4 分）

⑤ 编制航线表的能力差。（2 分）

⑥ 不会编制航线表。（0 分）

（三）实操题答案

实操题（1）主要考虑设计航线的安全性、经济性,画航线的能力;航线标注应包括转向点位置、航向、航程、接图说明及其他说明。根据航线设计的具体情况在海图上适当标注。

　　设计航线时可以遵照《航路指南》的推荐航线,或者依据推荐航线,结合自己的航海经验设计航线。

　　使用中版《航路指南》的推荐航线,因为厦门港和香港港分别在东海海区和南海海区内。使用中版《航路指南》A102(东海海区),在第一章第四节《航路概述》中查阅长江口至台湾海峡的相关介绍;在 A103(南海海区)第一章第四节《航路概述》中查阅台湾海峡至珠江口航路的有关信息。航线设计如下。

　　自厦门引航站 24 24.5N/118 05.3E 起始,沿金门水道,航向 140,航行 6 n mile,至 24 19.2N/118 08.8E,然后转向 180°,航行 5 n mile,至 24 14.2N/118 11.0E(东碇岛方位 B/152,距离 D/5.2 n mile)处,转向 C/107,航行 8 n mile,至 24 12.0N/118 20.0E(东碇岛 B/246,D/6)处,转向 C/202,航行 56 n mile,至 23 08.0N/117 24.0E,转向 C/242,进入台湾海峡主航线,航行 58 n mile,至 22 41.0N/116 30.0E(在碑山角 B/000,D/15),转向 C/248,航行 82 n mile,至 22 10.0N/115 07.0E(针岩头 B/000,D/9),转向 C/266,航行 46 n mile,至 22 07.0N/114 16.5E,然后转向 C/310°,进入薄寮水道分隔航道,航行 13 n mile,至青州引水站 22 12.96N/114 09.8E,引水进港。全部航程约 274′。

　　总图上的航线设计完成后,将各个航段航线依次转移到航行分图上。

　　实操题(2)根据所画航线编制航线表,如表 1-2 所示。

表 1-2　航线表

编号	从一个航路点到另一个航路点			累计航程	剩余航程	预计转向时间	关系海图	转向目标方位、距离	审批记录
	航路点位置	航向	航程						
01	24 24.5N/118 05.3E 厦门港引水站	140	6	6	274		14291	厦门港引水站	
02	24 19.2N/118 10.8E	180	5	11	268		14281		
03	24 14.2N/118 11.0E	107	8	19	263		14281	东碇岛 B/152, D/5.2	
04	24 12.0N/118 20.0E	202	56	75	255		14249	东碇岛 B/246, D/6	
05	23 07.6N/117 24.0E	242	58	133	199				
06	22 41.0N/116 30.0E	248	82	215	141			石碑山角 B/000, D/15	
07	22 10.0N/11 07.0E	266	46	261	59			针岩头 B/000, D/9	
08	22 07.0N/114 16.5E	310	13	274	13			蒲台灯塔 B/338, D/2.5	

续表

编号	从一个航路点到另一个航路点			累计航程	剩余航程	预计转向时间	关系海图	转向目标方位、距离	审批记录
	航路点位置	航向	航程						
09	22 12.9N/114 09.8E 香港青州引水站				0			香港青州引水站	

注:航程的累计为从一个引水站到另一个引水站的航程,预计转向时间栏中只计算和填写主要转向点的预计时间。

任务五 航迹绘算

一、任务内容

(一)根据给定的参数进行船舶定位

陆标定位中两方位定位的实现步骤如下。

步骤一:首先根据测得或给定参数,将两个物标的罗方位换算成物标的真方位。

步骤二:利用平行尺或三角板自所测物标反方向绘画两条方位位置线。

步骤三:在两条方位位置线的交点处画一个小圆圈表示观察船位,并进行正确的标注。

两方位定位见图1-10。

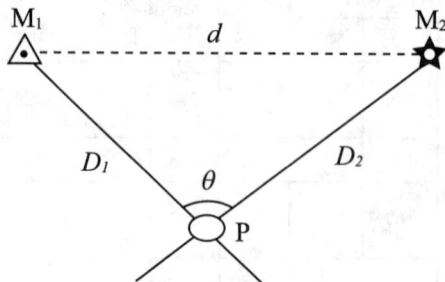

图 1-10 两方位定位

距离定位是同时观测两个或两个以上已知陆标与船舶间的距离,在海图上分别以所测物标为圆心,以所测得的相应距离为半径,画出距离船位线圆弧,它们的交点为该观测时刻的观测船位。

陆标定位中两距离定位的实现步骤如下。

步骤一:首先测得或给定物标参数。

步骤二:利用分规在海图上分别以所测物标为圆心,以所测得的相应距离为半径,画出距离船位线圆弧。

步骤三：在两条距离位置线的交点处画一个小圆圈表示观察船位，并进行正确的标注。如图 1-11 所示。

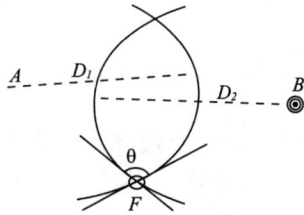

图 1-11 两距离定位

电子定位中通过全球定位系统（GPS）获取船位数据，经过修正后在海图上定位的方法比较常用。GPS 定位的实现步骤如下。

步骤一：首先根据给定的资料，对 GPS 读数用所使用的海图标题栏中的 GPS 修正量进行修正。

步骤二：利用平行尺或三角板通过平行移动的方法画出经纬线的交点。

步骤三：在上述经纬线的交点处画一个小五角星表示 GPS 定位（图 1-12）。

图 1-12 GPS 定位

（二）根据实测风流压差修正航向

海图作业时使用罗经、计程仪等航海设备获得数据，并将数据绘制成矢量三角形，从而对航线进行修正。矢量三角形由风中航程、流程及其方向组成。其中船舶运动轨迹是由风中航程、流程的矢量相加而得的。下面以有风、有流航迹推算为例进行介绍，有风、有流条件下首先分清两种不同的情况，进而采用先风后流或先流后风的绘画方法。

1. 已知真航向（TC），求推算航迹向（CG）

TC-CG 航迹绘算的实现步骤如下。

步骤一：首先在海图上画出船舶的 TC。

步骤二：对船舶的 TC 预配风流压。

步骤三：按照理论中学得的方法最终画出推算航迹象（CGγ），并进行正确的标注，如图 1-13 所示。

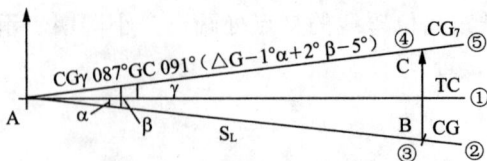

图 1-13 TC-CG 航迹绘算

步骤四：按正确的方法用尺子量取推算船位的经纬度和风流合压差。

2. 已知计划航迹向（CA），求真航向

CA-TC 航迹绘算的实现步骤如下。

步骤一：首先在海图上画出船舶的 CA。

步骤二：按照先流后风的方法，先画出流的矢量线。

步骤三：以流矢量端点为圆心，以计程仪航程为半径，画出辅助线，辅助线与 CA 交于一点。

步骤四：将上述虚线辅助线平移到起点，画出风中航迹线（CGα）。

步骤五：根据风的来向，顶风画出 TC，并进行正确的标注。

步骤六：按正确的方法用尺子量取并推算船位的经纬度和风流合压差，如图 1-14 所示。

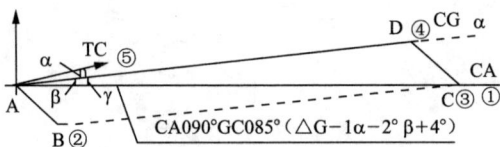

图 1-14 CA-TC 航迹绘算

（三）确定物标正横或最近距离时的船位

在海图上由物标向真航向线作垂线并延长，该线与计划航线或推算航迹线的交点即为该物标正横时的船位，如图 1-15 所示 A 点。

在海图上由物标向计划航线或推算航迹线作垂线，垂足即为该物标正横时的船位，如图 1-15 所示 B 点。

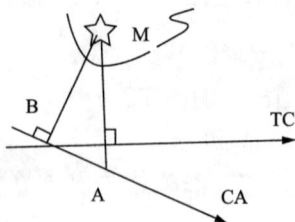

图 1-15 确定物标正横或最近距离时的船位

二、任务训练

(一)实操题卡

[海图 12100] 2000 年某月某日,某轮驾驶台眼高 $e=8$ 米, $\Delta L=-7\%$,陀罗差 $\Delta G=+1°$ 。

1600 时　$L_1=50.'0$, $\varphi0=36°30.'0N$, $\lambda0=122°30.'0E$,驶陀罗航向 GC=019°,流向正西,流速 Vc=1.0kn;

1800 时　$L_2=78.'0$,风流不变,测东南高角 $D=8'.0$, GB=253°。转移船位后沿 CA005° 航行。求:

(1)1800 时观测船位(经纬度)。(5 分)

(2)1600～1800 时实测风流压差 γ 及转移船位后应驶的 GC。(5 分)

(3)到褚岛咀灯塔最近时的船位及距离。(5 分)

(二)实操标准

按《中华人民共和国海船船员适任评估规范》要求,实操题(1)、(2)、(3)的实操标准如下。

(1)根据给定的参数进行船舶实操的标准如下。

① 定位正确,熟练。(5 分)

② 定位正确,比较熟练。(4 分)

③ 定位正确,熟练程度一般。(3 分)

④ 定位较差。(2 分)

⑤ 定位差。(1 分)

⑥ 无法完成。(0 分)

(2)根据实测风流压差修正航向的实操标准如下。

① 求出实测风流压差并据此调整船舶航向准确,熟练。(5 分)

② 求出实测风流压差并据此调整船舶航向准确,比较熟练。(4 分)

③ 求出实测风流压差并据此调整船舶航向准确,熟练程度一般。(3 分)

④ 求出实测风流压差并据此调整船舶航向较差。(2 分)

⑤ 求出实测风流压差并据此调整船舶航向差。(1 分)

⑥ 无法完成。(0 分)

(3)确定物标正横或最近距离时的船位实操标准如下。

① 船位及距离的求取准确,熟练。(5 分)

② 船位及距离的求取准确,比较熟练。(4 分)

③ 船位及距离的求取准确,熟练程度一般。(3 分)

④ 船位及距离的求取较差。(2 分)

⑤ 船位及距离的求取差。(1 分)

⑥ 无法完成。（0 分）

（三）实操题答案

实操题（1）的答案：1800 时观测船位（φ36°56′.0N　1122°39′.6E）。

实操题（2）的答案：1600～1800 时实测风流压差 γ−5°，转移船位后应驶的 GC 为 009°。

实操题（3）的答案：到褚岛咀灯塔最近时的船位（φ37°02′.0N 1122°40′.4E），距离 D＝5′.6。

项目二 ≫≫≫

电子海图操作与应用

　　党的二十大审议并一致通过《中国共产党章程(修正案)》。在《中国共产党章程》总纲中,增加"统筹发展和安全"的内容。这对于引导全党全社会牢固树立总体国家安全观,有效防范化解各类风险挑战,确保社会主义现代化事业顺利推进,具有重要意义。安全是发展的前提,发展是安全的保障。电子海图及其应用系统的研究、生产和使用,促使我国航海自动化水平逐步提升,提高了船舶的航行安全,促进了我国水上运输和经济发展。

任务一　系统检查与故障检测

一、任务内容

　　以英国船商公司生产的电子海图显示与信息系统 NAVI-SAILOR 5000 为例进行介绍。

(一)系统启动

　　以鼠标左键双击电脑桌面上的快捷方式(图 2-1)即可启动系统,然后弹出系统初始化窗口(图 2-2),并在窗口下方显示系统的进程。

图 2-1　NAVI-SAILOR 5000 系统启动快捷方式

图 2-2　NAVI-SAILOR 5000 系统初始化窗口

（二）系统信息查看

依次点击 Tasks List-Config 进入 Licence Info（产品许可证信息）界面中，如图 2-3 所示。可以查询产品名称、证书有效期、版权注册码、软件狗编号、其他传感器状态、海图格式、改正情况、最大分辨率等信息。

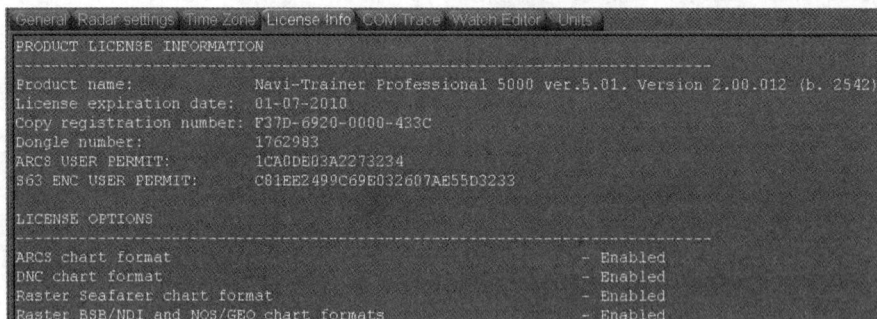

图 2-3　Licence Info（产品许可证信息）界面

（三）定位设备、罗经、计程仪、测深仪等设备的查看与设置

定位设备的查看与设置如下。

点击 Tasks List-Navigation 界面（图 2-4）。点击选择 Ship Position，在该窗口内可以选择定位设备和定位方式。

依次点选 Heading、Speed、Echosounder 窗口，可以对罗经、计程仪、测深仪等设备数据进行查看与设置。

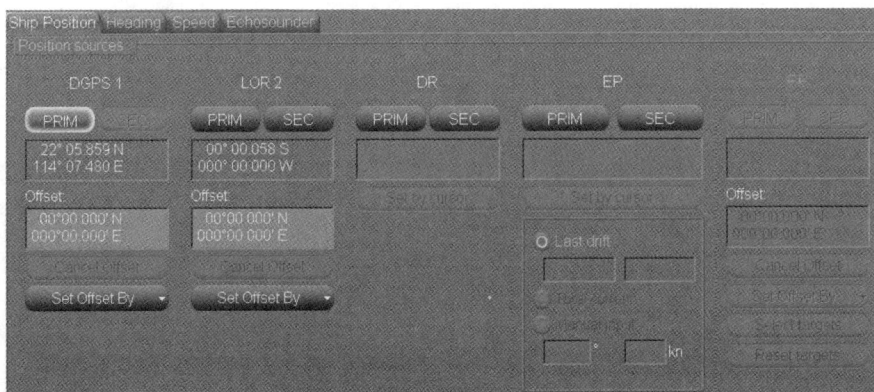

图 2-4 Tasks List-Navigation 界面

（四）故障检测

在控制面板上的传感器、信息显示、报警及指示等窗口,可以查看是否产生报警。根据报警的性质及来源做出排除处理。

（五）系统退出

在电子海图显示区的右下角位置点击 Tasks List,点击 Config 功能窗口,打开 General（通用）窗口后,点击 Exit（退出）标签,点击 Yes 即关闭系统。

二、任务训练

（一）实操题卡

（1）系统检查。（5分）

开启电子海图显示与信息系统并检查传感器是否正常接入,连接哪些传感器,写出名称。

（2）故障检测。（5分）

查看系统的报警监控系统,查看报警情况对报警予以确认,写出操作步骤。

（二）实操标准

按《中华人民共和国海船船员适任评估规范》要求,实操题（1）与（2）的实操标准相同,如下。

① 操作准确,熟练。（5分）

② 操作准确,比较熟练。（4分）

③ 操作准确,熟练程度一般。（3分）

④ 操作较差。（2分）

⑤ 操作差。（1分）

⑥ 不能操作。（0分）

(三)实操题答案

实操题(1)的答案：计程仪、罗经、测深仪、全球定位系统(GPS)、雷达(Radar)、自动雷达标绘仪(ARPA)、自动识别系统(AIS)等。

实操题(2)的答案：点击屏幕右上角 AMS，进入 Alarm Monitoring System 界面，在 Alarms 或 Warnings 报警列表的最后一列 Status 点击左键，确认报警。

任务二　系统数据与显示

一、任务内容

(一)电子海图数据

在屏幕右侧控制面板位置的海图信息窗口(图 2-5)处，可以查看包含本船船位的海图及当前海图的信息，也可以设置比例尺大小。

图 2-5　海图信息窗口

可点击 Tasks List-Charts，在海图功能控制面板窗口(图 2-6)中查询电子海图数据。

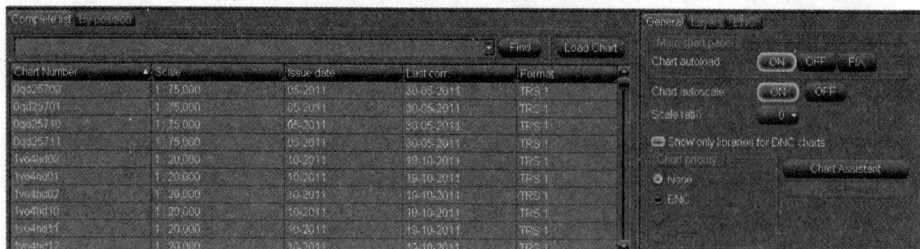

图 2-6　海图功能控制面板窗口

(二)海图改正

添加、移动、删除是电子海图改正的基本操作，点击 Tasks List-Man Corr 打开手动改正窗口(图 2-7)。

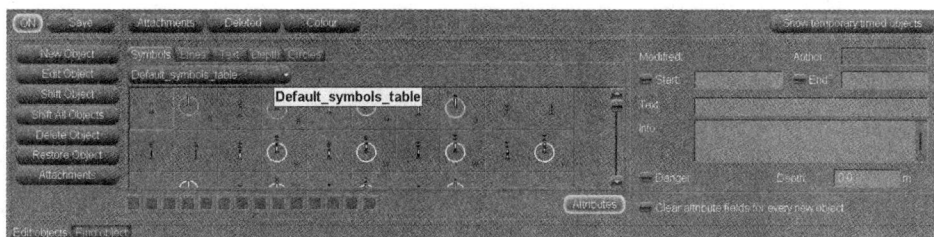

图 2-7　海图改正窗口

窗口功能介绍如下。

（1）On：用于开启手动改正编辑功能。

（2）Attachments：显示关联文件信息。

（3）Deleted：以阴影显示被删除的物标。

（4）Colour：高亮显示手动改正物标。

（5）Show Temporary Timed Objects：显示有效的临时更新。

（6）New Object：添加新物标。

（7）Edit Object：编辑物标。

（8）Deleted：删除物标。

（9）Shift Object：移动物标。

添加物标操作：选取要添加的点状物标、线、区域性边界或输入文本、水深数值。若添加点状物标，点击 New Object，光标十字会跳到电子海图显示区，将光标十字移动到对应位置后点击左键确认，即可在相应的位置上添加点状物标。线或区域性边界的添加，首先要在颜色面板上点击相应的颜色，之后的操作与点状物标的添加操作类似。

编辑物标操作：点击 Edit Object，进入编辑物标功能，如图 2-8 所示。光标为一个小方框，自动跳到电子海图显示区，移动光标到要编辑的物标上，点击选中，即可在 Attributes 编辑窗口内对物标进行编辑操作。

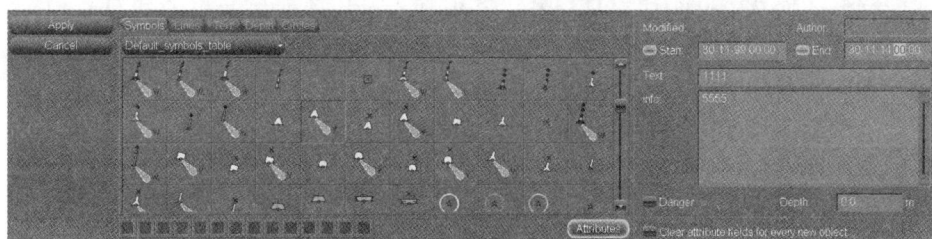

图 2-8　编辑物标功能窗口

删除物标操作：点击 Deleted，光标为一个小方框，自动跳到电子海图显示区，移动光标至要删除的物标上，点击左键即可删除。

移动物标操作：点击 Shift Object，光标会变成一个小方框，跳到电子海图显示区，移动光标至要移动的物标上，点击左键，移动鼠标可以调出方位线和距标圈的组合功能工具，将方位线和距标圈的交点移动至要移动的位置，点击左键即可。

（三）系统显示

系统操作主界面（图 2-9）由常用工具栏、控制面板、海图显示区等组成。

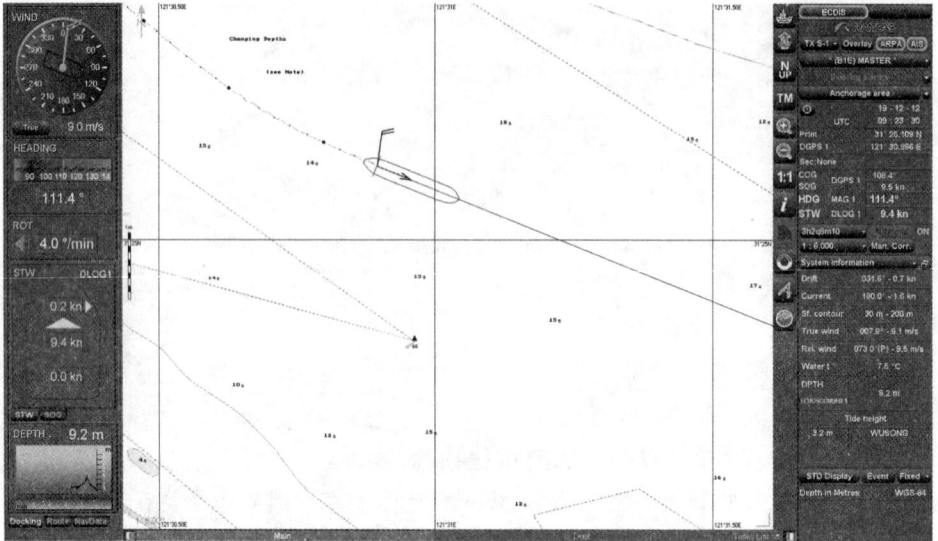

图 2-9　NAVI-SAILOR 5000 系统主界面

1. 电子海图显示区

在电子海图显示区屏幕下边缘位置，有两个长功能标签，可用鼠标点击选取。

主界面模式（Main）在系统运行时始终显示。

双界面模式（Dual）在航行模式下才能使用。可将海图显示区分为上、下或左、右部分，其中一部分和主界面模式下显示的信息是相同的。另外一部分总是显示本船船位。

电子海图显示区的右下角有一个"Tasks List"标签。点击该标签会弹出一个向上的菜单列表，在菜单列表中有多个功能标签，点击任意一个功能标签即可在电子海图显示区的正下方弹出相应的功能窗口，可以打开多个功能窗口，在屏幕最下端可以点击相应的功能标签进行转换。

2. 常用工具栏

常用工具栏（图 2-10）位于紧靠电子海图显示区的右侧边缘，有多个功能标签。

Ahead：点击 Ahead 功能标签，可以快速查找本船位置。

Move Ship Symbol：点击后，可快速移动本船符号在屏幕上的位置。

ZoomIn、ZoomOut：点击 +、− 功能标签，可对比例尺进行放大和缩小。

Quick Distance Tool：点击后，可取任意两个物标或位置的方位及距离。

Show Radar：按住鼠标左键，可以实现雷达图像在电子海图显示区叠加。

3. 控制面板窗口数据显示与操作

控制面板位于主界面右侧，有传感器窗口、信息显示窗口、报警及指示窗口、菜单操作窗口等。

传感器窗口：可控制雷达目标、雷达图像、ARPA、AIS 传感器信息在电子海图显示区的叠加显示。通过鼠标左键点击开启来完成。传感器窗口如图 2-11 所示。

图 2-10 常用工具栏

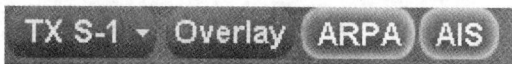

图 2-11 传感器窗口

报警窗口：开机后所产生的报警显示。该窗口由主要报警窗口和次要报警窗口组成，以红色、橙色的缩写或单词显示不同级别的报警信息。报警窗口如图 2-12 所示。

图 2-12 报警窗口

时间窗口：可以点击该窗口左上角的时钟图标，进行船时（Ship's Time）和世界时（UTC）的转换，如图 2-13 所示。

图 2-13 时间窗口

主定位系统窗口：显示主定位系统的信息来源及定位数据。

辅助定位系统窗口：显示辅助定位系统的信息，如图 2-14 所示。

图 2-14　主辅定位系统窗口

航向、航速窗口：显示对地航向、对地航速、船首向、对水计程仪航速信息，如图 2-15 所示。

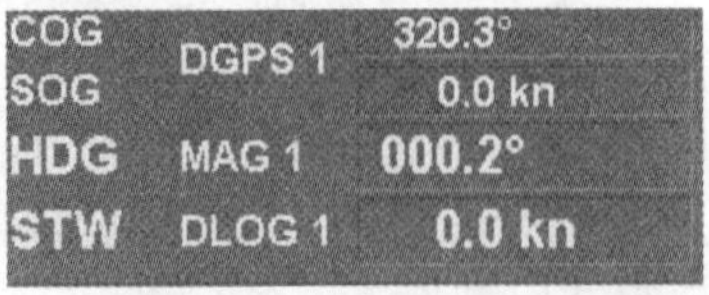

图 2-15　航向、航速窗口

显示面板窗口：开机后的原始界面即 System Information 系统信息窗口。可以查看系统信息、主定位系统状态信息、AIS 传感器信息、航次计划信息、航线数据、环境数据等，如图 2-16 所示。

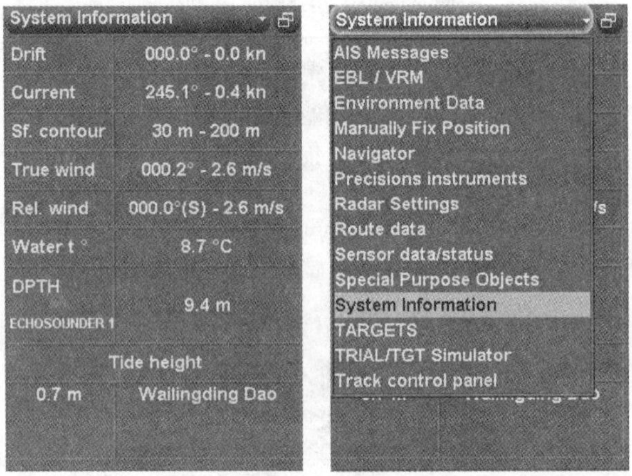

图 2-16　显示面板窗口

其他数据窗口：该窗口可以查询水深单位、坐标系，设置运动矢量长度，点击 Event 可添加事件标注，点击 STD Display 可对海图显示模式进行设置，如图 2-17 所示。

图 2-17　其他数据窗口

（四）ENC 海图显示设置

打开控制面板 Tasks List 依次打开 Chart-Layers 窗口（图 2-18），可以进行海图的分层显示设置。

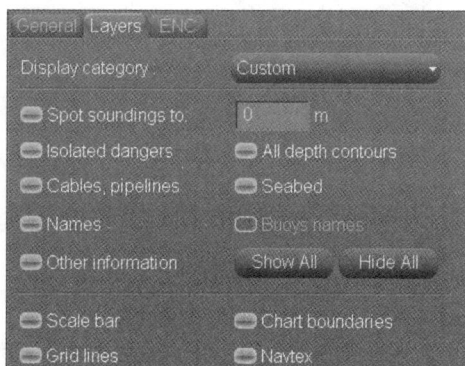

图 2-18　Chart-Layers 窗口

（五）本船符号显示设置

打开 Tasks List 选择 Route Monitoring 航线监控窗口（图 2-19），在其中第一行 Ship 中点选 Ship by Contour 或者 Ship by Symbol，可以设置本船符号的显示样式。

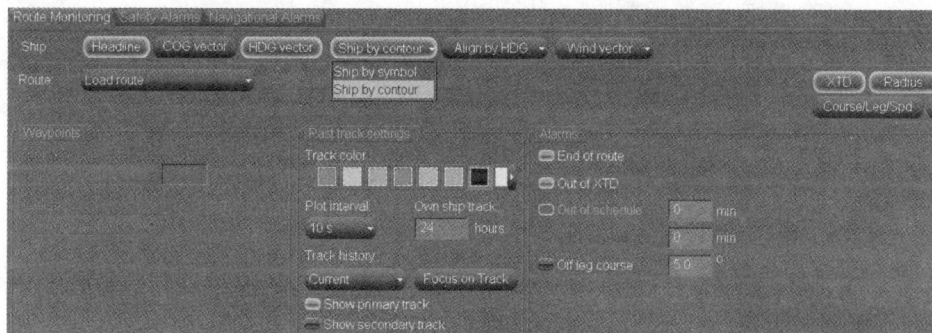

图 2-19　航线监控窗口

二、任务训练

（一）实操题卡

（1）调整电子海图数据。（5 分）

① 查看当前显示海图的比例尺，并调整其显示比例尺为 1∶70 000，写出操作步骤。

（2）海图改正。（5分）

① 在海图 4g4bq701 上（22 10.180′N，114 09.337′E）添加一处危险沉船，写出操作步骤。

（3）系统显示。（10分）

① 在海图 4g4bq701 上，利用电子方位线和距标圈测量 Yuen Kok 灯塔到在上题添加的沉船之间的距离、方位，写出操作步骤。

② 设置海图用户显示模式。

（二）实操标准

按《中华人民共和国海船船员适任评估规范》要求，实操题（1）与（2）的实操标准相同，如下。

① 操作准确，熟练。（5分）

② 操作准确，比较熟练。（4分）

③ 操作准确，熟练程度一般。（3分）

④ 操作较差。（2分）

⑤ 操作差。（1分）

⑥ 不能操作。（0分）

实操题（3）的实操标准如下。

① 操作准确，熟练。（10分）

② 操作准确，比较熟练。（8分）

③ 操作准确，熟练程度一般。（6分）

④ 操作较差。（4分）

⑤ 操作差。（2分）

⑥ 不能操作。（0分）

（三）实操题答案

实操题（1）答案：在屏幕右侧海图信息窗口比例尺标签处查看当前显示海图的比例尺，并在此处调整其显示比例尺为 1∶70 000。

实操题（2）答案：点击 Tasks List → Man Corr → On → Symbols → 沉船符号 → New Object → 按下键盘上的 Tab 键，在屏幕右下角弹出的定位窗口内编辑经纬度数据，再点击 Apply（确认）完成定位操作，点击左键就可以在相应的位置上添加物标。（结合学生的电脑情况进行具体判断）

实操题（3）答案如下。

① 答案：点击鼠标右键，转换到光标功能 ERBL → 点击左键 → 将光标十字移动到 Yuen Kok 灯塔 → 点击左键 → 将方位线与距标圈焦点移动至沉船上 → 从屏幕右下角弹出的窗口处读取距离、方位数据。（距离 0.75n mile、方位 1 538.4）

② 答案: 点击 Tasks List → Charts → Layers → 在 Display Category 设置 Custom。

任务三 航线设计与航次计划

一、任务内容

(一)安全参数设置

在 ECDIS 系统中进行航线设计,首先要结合本船情况和海况设置必要的安全参数。

(1)依次点击打开 Tasks List/Monitoring/Safety Alarm,在 Safety Parameters 窗口位置设置浅水等深线和深水等深线,如图 2-20 所示。

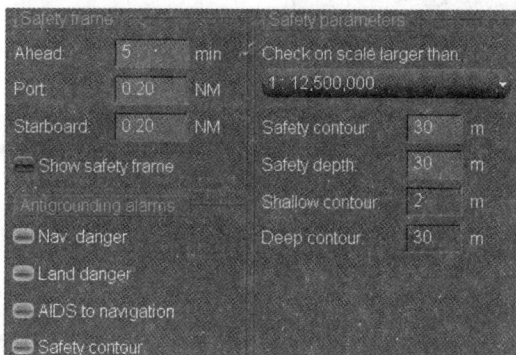

图 2-20 Safety Parameters 窗口

(2)在控制面板 Tasks List/Chart-ENC 窗口(图 2-21)中,可对安全等深线(Safety Contour),安全水深(Safety Depth)进行设置。

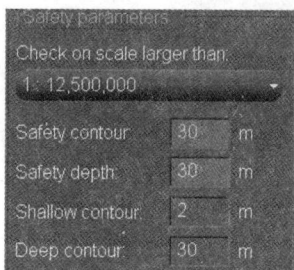

图 2-21 Chart-ENC 窗口

(二)航线设计

打开控制面板上的任务清单 Tasks List 中的 Route Edit 窗口(图 2-22),可弹出航线编辑窗口。

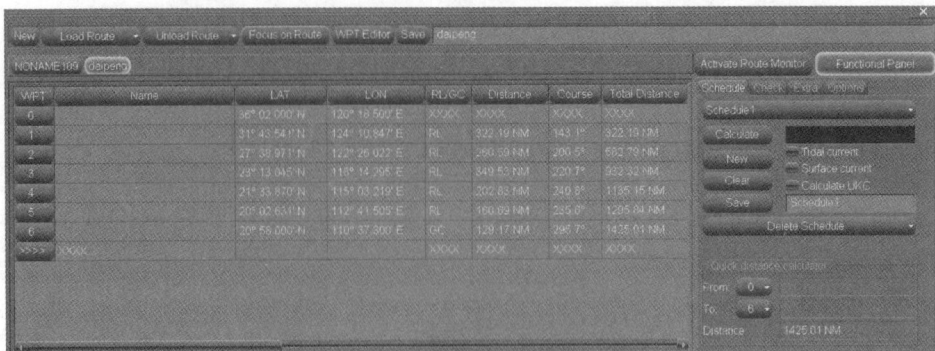

图 2-22　Route Edit 窗口

1. 新建航线

点击 New 标签，光标会自动跳至电子海图显示区，即可进行图形编辑，或点击鼠标右键退出后进行表格编辑。

2. 航线编辑

编辑状态下的航线为蓝色虚线，电子海图系统中航线编辑的方法主要有以下两种。

表格编辑：打开航线编辑（Route Edit）窗口，点击 Columns 即可在弹出的菜单中设置航线表的显示信息。

具体操作如下。

（1）新建转向点：在空白航线表中，双击某一单元格即可输入相关数据，按回车键确认，进入后点击 Cancel 可取消修改操作。

（2）编辑转向点：双击已有转向点数据的单元格，即可修改或编辑相关参数。

（3）删除转向点：点击选中要删除的航路点所在单元格，按下键盘上的 Delete 即可删除。

（4）插入转向点：选中要插入的航路点单元格所在的上一行，按下键盘上的 Insert 即可插入一个转向点。

图形编辑：点击 Route Edit 窗口第一行 WPT Edit 功能标签，光标会变成一个方框，跳到电子海图显示区，即可在海图上进行航路点的编辑。

（1）新建转向点：点击 WPT Edit 功能标签，将光标移动到航线起点，点击左键选中，移动鼠标到下一个转向点处，点击左键，依次新建多个航路点，继而在海图上绘画出航线。

（2）移动转向点：点击 WPT Edit 标签，将光标移动到转向点上，点击左键选中，然后将光标移动到新的位置，点击左键。

（3）删除转向点：点击 WPT Edit 标签，将光标移动到要删除的转向点上，选中,然后点击右键或按下键盘上的 Delete 即可删除。

(4)插入转向点:点击 WPT Edit 标签,将光标移动到两个转向点之间,点击左键,即可插入新的转向点。

3. 反转航线

打开航线编辑窗口右侧的 Extra 标签中的 Route 窗口(图 2-23),则航线表各航路点会出现倒序排列。

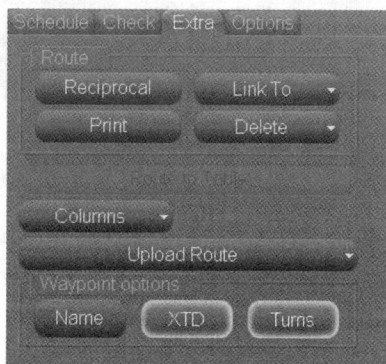

图 2-23 Route 窗口

(三)航线检验

在航线编辑窗口右侧点击 Check,打开 Check 窗口(图 2-24),可进行航线检验。

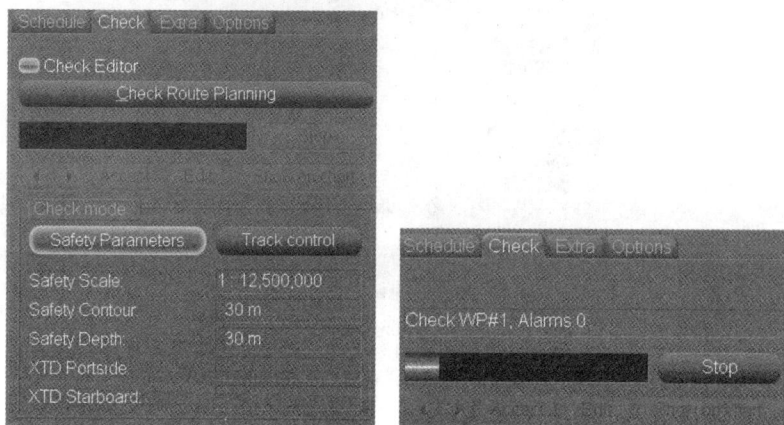

图 2-24 Check 窗口

(1)Check Editor:开启该功能后,设计航线时,每设计完一个航段,系统便立即对该航段航线进行检验,如有危险则会产生报警(图 2-25)。

(2)Check Route Planning:航线设计完成后,点击该功能标签即可对一整条航线进行有效性检验。检验开始后,在检验窗口处会有检验进度显示和当前检验的状态信息。在检验进度右侧有 Stop 功能标签,点击后可终止检验进程,以进行其他紧急的操作。

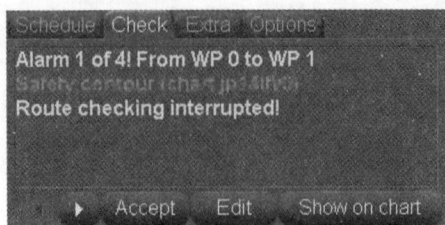

图 2-25 航线检验报警窗口

航线有效性检验结束后,在航线检验窗口查看检测出来的报警信息。通过点击左下角 Show On Chart 功能标签,可以将该报警定位到当前显示的海图中,并用红色、黄色不断闪烁的圆圈标示其位置。用 Edit 标签功能,结合报警信息进行航线的修改,直到没有危险为止。

（四）航次计划

在 Check 窗口左侧,点击打开 Schedule 窗口（图 2-26）。

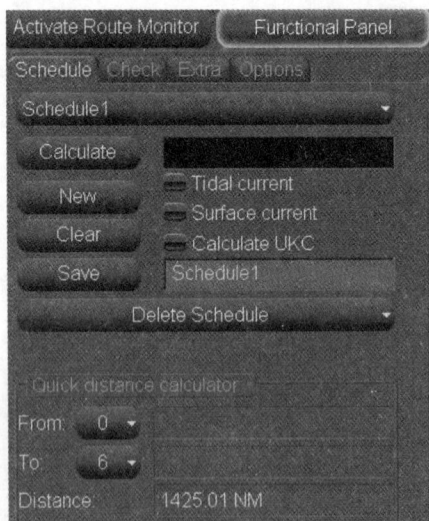

图 2-26 Schedule 窗口

在该窗口处,可进行航次计划的计算,具体功能如下。

（1）New：新建航次计划。

（2）Calculate：计算功能。

（3）Surface Current：选中后,航次计划会考虑表面洋流的影响。

（4）Tidal Current：选中后，航次计划会考虑潮流的影响。

（5）UKC：选中后，航次计划会考虑干舷的影响。

（6）Clear：点击后，会清除计算结果。

（7）Delete：删除航次计算。

（8）Save：保存航次计划。

二、任务训练

（一）实操题卡

（1）安全参数设置。（5分）

① 设置海图等深线，四色显示，并设置深水等深线为30 m，安全等深线为20 m，浅水等深线为8 m，安全水深为18 m。

（2）设计航线。（10分）

① 设计航线。（5分）

设计一条从青岛海域35°49.′0N，120°49.′0E 到马山34°49.′0N，128°49.′0E 的不少于3个转向点的航线，最后将此航线命名为你姓名的汉语拼音。

② 对航线进行安全检查。（5分）

使用自动、手动等模式验证该航线。看该航线是否有搁浅报警，进一步优化航线，使之没有搁浅报警，并符合良好船艺。

（3）查看航次计划表。（5分）

起始点的开航时间为2021年5月7日0400时，预计使用航速11 kn。要求第3、第4转向点之间使用大圆航线；调出航线计划表，设置偏航距离为0.07 n mile，各转向点转向半径为0.5 n mile。查看总航程、总航行时间。

（二）实操标准

按《中华人民共和国海船船员适任评估规范》要求，实操题（1）与（3）的实操标准相同，如下。

① 操作准确，熟练。（5分）

② 操作准确，比较熟练。（4分）

③ 操作准确，熟练程度一般。（3分）

④ 操作较差。（2分）

⑤ 操作差。（1分）

⑥ 不能操作。（0分）

实操题（2）的实操标准如下。

① 操作准确、熟练。（10分）

② 操作准确、比较熟练。（8分）

③ 操作准确、熟练程度一般。（6分）

④ 操作较差。（4 分）

⑤ 操作差。（2 分）

⑥ 不能操作。（0 分）

（三）实操题答案/评分点

实操题（1）答案：依次点击 Tasks List → Charts → ENC 窗口 → Four Shades，设置四色显示。Tasks List → Charts → ENC 窗口 → Shallow Contour 8/Deep Contour30。Tasks List → monitoring → Safety Alarms → Safety Contour18/Safety Depth20。

实操题（2）①：结合学生的电脑情况进行具体判断。评分点如下：是否存在搁浅预警？航线验证后是否保存？

实操题（2）②：结合学生的电脑情况进行判断。

实操题（3）：结合学生的电脑情况进行具体判断。评分点：航线表中的时间数据是否已经计算出结果？

任务四　航行监控

一、任务内容

（一）基本监控

打开控制面板上的任务清单 Tasks List 中 Route Edit 窗口（图 2-27），在该窗口右上角点击 Active Rote Monitor，即可激活航线监控功能。

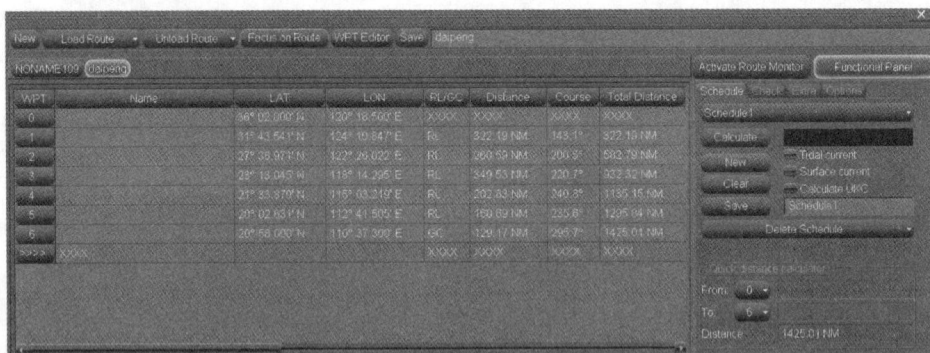

图 2-27　Route Edit 窗口

（二）船位监控

打开 Tasks List-Monitoring 窗口，进入监控功能窗口，分别点击打开 Safety Alarms 窗口（图 2-28）和 Navigational Alarms 窗口（图 2-29），即可设置船位监控报警信息。

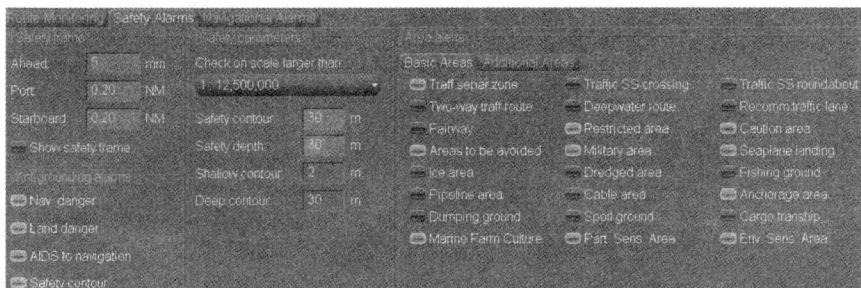

图 2-28　Safety Alarms 窗口

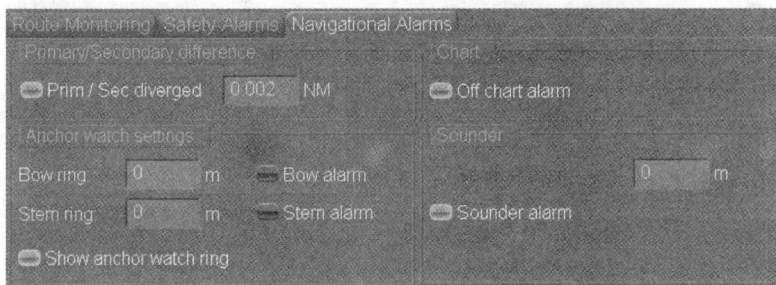

图 2-29　Navigational Alarms 窗口

（1）Out Off Schedule：计划数据丢失超过预定时间时产生报警。

（2）Prim/SEC Difference：主／辅助定位系统数据差值，超过设定数据时产生报警。

航线监控报警设置窗口如图 2-30 所示。

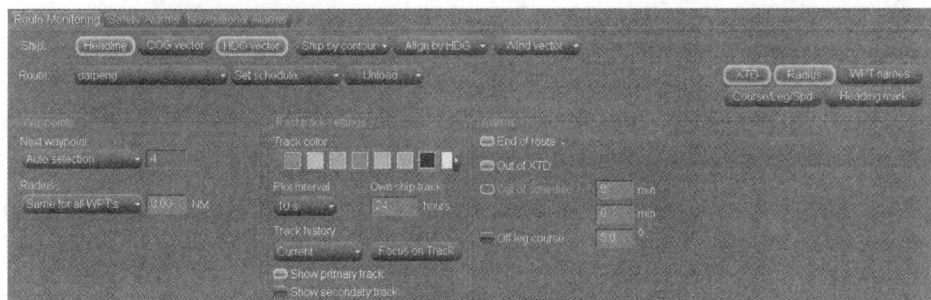

图 2-30　航线监控报警设置窗口

本船控制相关信息的显示与关闭的标签如下。

（1）Heading：船首线。

（2）COG Vector：对地运动矢量。

（3）HDG Vector：对水运动矢量。

（4）Ship By Symbol：本船基本符号显示。

（5）Ship By Contour：本船比例船型显示。

（6）Align By HDG：本船罗经航向线与对地运动矢量或对水运动矢量重合的设置。

（7）Wind：风要素的显示形式设置。

（三）AIS 目标、雷达图像或 ARPA 目标叠加

打开 Tasks List-Target 窗口，则弹出 Target 窗口（图2-31）。即可对 AIS 目标、雷达图像或 ARPA 目标控制和查询。

图 2-31　Target 窗口

1. Show Target：显示目标

（1）ARPA-A：主 ARPA 目标显示。

（2）ARPA-B：辅助 ARPA 目标显示。

（3）AIS：AIS 目标显示。

（4）Tracks：本船航迹显示。

2. AIS Target Identification：AIS 目标识别

点击相应的功能标签即可显示 AIS 目标的海上移动通信业务标识（MMSI）、呼号（Call Sign）、船名（Ship's Name）。

在控制面板传感器窗口（图 2-32）处，通过鼠标点击可对各种传感器的信息进行叠加。

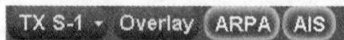

图 2-32　传感器窗口

二、任务训练

（一）实操题卡

（1）基本监控。（10分）

① 调用先前设计好的航线进行导航。

② 设置船舶矢量时间为7 min。

③ 设置比例、船型。

④ 将雷达叠加到电子海图上。

（2）应对特殊情况。（10分）

① 开启接近危险区的报警，查看航行过程中有无报警显示。

② 航行过程中，查看有无其他报警，如搁浅报警、船位丢失报警，若有，分析原因，采取措施。

（二）实操标准

按《中华人民共和国海船船员适任评估规范》要求，实操题（1）与（2）的实操标准相同，如下。

① 操作准确，熟练。（10分）

② 操作准确，比较熟练。（8分）

③ 操作准确，熟练程度一般。（6分）

④ 操作较差。（4分）

⑤ 操作差。（2分）

⑥ 不能操作。（0分）

（三）实操题答案/评分点

实操题（1）① 答案：点击航线表右上角的 Activate Route Monitor。评分点：查看航线是否变红。

实操题（1）② 答案：点击屏幕右下角 WGS84 上方的时间标签，设置为7 min。

实操题（1）③ 答案：依次点击任务清单 Tasks List → Monitoring → Route Monitoring → Ship：右边第四个标签，设置 Ship By Contour。

实操题（1）④ 答案：点击屏幕右上角 Overlay。

实操题（2）① 答案：依次点击任务清单 Tasks List → Monitoring → Safety Alarms → Area Alerts → Additional Area → Danger Area。

实操题（2）② ：结合学生的电脑情况进行具体判断。点击查看屏幕右侧的主要报警窗口有无搁浅报警、船位丢失报警。

任务五　航海日志

一、任务内容

航行记录的设置、查看及打印操作如下。

（1）在 Tasks List 中打开 Log Book 窗口（图 2-33），弹出航行记录窗口。在航次记录窗口，点击 System Log 标签，进入航行记录管理界面。

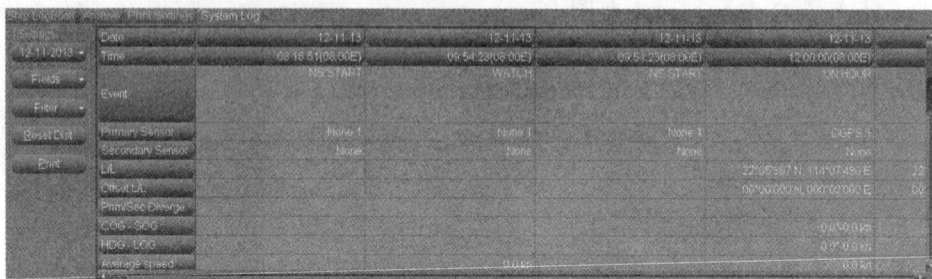

图 2-33　Log Book 窗口

（2）在记录表格左侧的第一个 Dates 处点击，载入某日的航次记录数据。

（3）在记录表格左侧设置显示条件。

Fields：设置航次记录的显示内容。

Filter：记录事件中信息类别的设置，即设置筛选条件。

Reset Dist：当总航程自动清零功能设置。

（4）如果连接了打印机，点击 Print 功能标签即可打印调用的航行记录。

（5）依照上述方法可以完成选定日期的航行记录的设置、查看及打印操作。

二、任务训练

（一）实操题卡

（1）航行记录。（10 分）

① 设置航行轨迹自动记录时间间隔为 10 s，写出操作步骤。

② 在今天的航海日志中添加"Pilot Change"事件，写出操作步骤。

（2）查看航行记录。（5 分）

查看某日航行记录，写出操作步骤。

（3）输出航行记录。（5 分）

设置打印航行记录为今日，并进行打印预览，写出操作步骤。

（二）实操标准

按《中华人民共和国海船船员适任评估规范》要求，实操题（1）的实操标准如下。

① 操作准确,熟练。(10分)

② 操作准确,比较熟练。(8分)

③ 操作准确,熟练程度一般。(6分)

④ 操作较差。(4分)

⑤ 操作差。(2分)

⑥ 不能操作。(0分)

实操题(2)与(3)实操标准相同,如下。

① 操作准确、熟练。(5分)

② 操作准确、比较熟练。(4分)

③ 操作准确、熟练程度一般。(3分)

④ 操作较差。(2分)

⑤ 操作差。(1分)

⑥ 不能操作。(0分)

(三)实操题答案

实操题(1)① 答案:依次点击 Tasks List → Monitoring → Route Monitoring → Plot Interval 10s。

实操题(1)② 答案:依次点击 Tasks List → Logbook → Ship Logbook →列表右上角 Creat Event → Pilot Change。

实操题(2)答案:Tasks List → Logbook → Archive → Dates:Ship Logbook 下拉菜单中点击对应日期进行查看。

实操题(3)答案:依次点击 Tasks List → Logbook → Print Settings → Today → Print Preview。

任务六 了解过分依赖电子海图的风险

一、任务内容

(一)了解风险来源

1. 海图数据误差

(1)海图误差:数据测量的精确性、数据制作的精确性、数据是否覆盖所有水域范围、数据是否完整以及是否及时更新等因素都会对海图数据的质量产生影响。

(2)坐标系误差:当定位系统的坐标系与海图数据的坐标系不一致时,船位误差也可能出现。

(3)方位误差:方位误差是指电子海图数据所依据的真北方向和导航仪器

所依据的罗经北方向不一样,而引起的方位上的误差。

(4)传感器设备本身误差:为传感器设备的固有误差,无法调整和避免。

2. 船位误差

(1)本船定位设备误差:本船 GPS 的天线没有设置在电子海图显示与信息系统(ECDIS)的对称中心上,从而产生的相对位置误差。

(2)目标船位误差:目标船自身的定位设备可能存在的误差。

(3)位置发送周期误差:

GPS 一般每秒至少产生 1 个位置信息,雷达一般每 3 秒刷新一次扫描数据,自动识别系统(AIS)信息存在一定的刷新周期,而 ECDIS 每 1～3 秒刷新数据信息,从而造成了位置发送时间上的延时。

3. 外界设备误差

(1)性能下降:外界设备使用时间过长、老化等因素可能引起使用性能下降。

(2)连接故障:ECDIS 与 GPS、AIS、Radar 等外部设备连接,如果出现故障,就无法为 ECDIS 提供数据。此时,ECDIS 就会产生报警。

(3)突发故障:硬件突发故障导致 ECDIS 获得的数据失真,使其给出的信息不正确,甚至可能导致危及船舶和生命财产安全的灾难。

4. 系统操作误差

(1)海图显示不当:ECDIS 的海图数据显示,要求原始数据准确,而且在选择使用数据时要充分考虑航行安全的需要。过多的数据会造成系统过载,重要的信息被覆盖,而显示的数据过少,则可能不能满足航海安全需求。

(2)设置错误:在 ECDIS 中,若系统报警参数、航线监视报警参数、本船船舶参数等设置不当,就不能有效地发挥 ECDIS 的相关功能,进而产生风险。

(3)操作错误:操作错误是动作失误或选择错误、操作不熟练造成严重的后果,应当尽量避免。

(4)理解错误:如果使用者对 ECDIS 的工作原理、数据不熟悉,对某些特殊情况不理解,不会进行验证和分析,可能做出错误的决策。

(二)其他任务

1. 系统可靠性检验

(1)检验硬件设备的可靠性。

(2)检验系统软件的可靠性。

(3)检验电源的可靠性。

2. 备用装置的选择

船舶应提供适当的、独立于 ECDIS 的 ECDIS 备用装置。其性能可以略低于 ECDIS,但能够进行基本的海图显示、航线设计、航线监控、航行记录、本船的状态显示和所有的航行报警,以确保主设备一旦失灵,船舶还有另外一套备用装置可供船舶继续保持安全航行。

ECDIS 的备用配置可以是另一部使用独立电源、有独立的 GPS 位置传感器的 ECDIS,满足整个航次的改正到最新版的纸质海图,另一部使用光栅海图显示系统(RCDS)的 ECDIS,一部基于雷达的、符合国际海事组织(IMO)"海图 – 雷达"性能标准的"海图 – 雷达"系统,中国海事局规定的 A 类船载电子海图系统(ECS)。

二、任务训练

(一)实操题卡

了解过分依赖电子海图的风险。(10 分)

① 航行中发现本船船位偏离航线距离超过设定值,但 ECDIS 没给出相应的报警,如何应对?

② 船员交接班,对 ECDIS 要注意什么问题?

③ 夜晚如何设置 ECDIS 的显示,使得浅水区变得清晰、明显?

④ 用 ECDIS 检查航线要注意什么问题?

(二)实操标准

按《中华人民共和国海船船员适任评估规范》要求,本部分实操题的实操标准如下。

① 操作准确,熟练。(10 分)

② 操作准确,比较熟练。(8 分)

③ 操作准确,熟练程度一般。(6 分)

④ 操作较差。(4 分)

⑤ 操作差。(2 分)

⑥ 不能操作。(0 分)

(三)实操题答案

① 答案:经常核实船位,使之不偏离航线;通知公司安排维修。

② 答案:核对当前船位、周围船舶动态、航行环境;利用浏览、比例尺缩放等进行 look ahead 操作,了解本次值班的航行情况;核对有关参数设置。

③ 答案:使用简单符号,使用两种颜色显示水深,对浅水区填充阴影,设置合适的安全等深线。

④ 答案:使用航线前,必须进行航线检查并保存;航线检查显示水深点、海底管道和沉船图层后,人工进行逐段检查;若航线有更改,需重新自动和手动验证;每次海图更新后,需要重新自动和手动验证。

项目三 ▶▶▶

航海仪器操作与应用

习近平总书记在党的二十大报告中指出"未来五年是全面建设社会主义现代化国家开局起步的关键时期",主要目标任务之一是"经济高质量发展取得新突破,科技自立自强能力显著提升,构建新发展格局和建设现代化经济体系取得重大进展"。我国在计算机和航海技术方面都取得了很大的进步,以北斗定位系统为代表的航海仪器设备不断推陈出新,为我国船舶航行安全提供了重要的科技支撑。

任务一　磁罗经

一、任务内容

(一)磁罗经组成部件与作用

船上使用的磁罗经由罗经柜、罗盆和自差校正器组成。

1. 罗经柜

罗经柜(图 3-1)用来支撑罗盆和安放消除自差校正器,以非磁性材料制成。

在罗经柜的正前方,有一个竖直圆筒,筒内根据需要放置消除自差用的佛氏铁或软铁条。

在罗经柜的正横座架上,放置象限自差校正器(软铁球或软铁盒)。

罗盆放置在常平环上。常平环能够在船体发生倾斜时,保持罗盆的水平。常平环有减震装置,以减轻罗盆的震动。

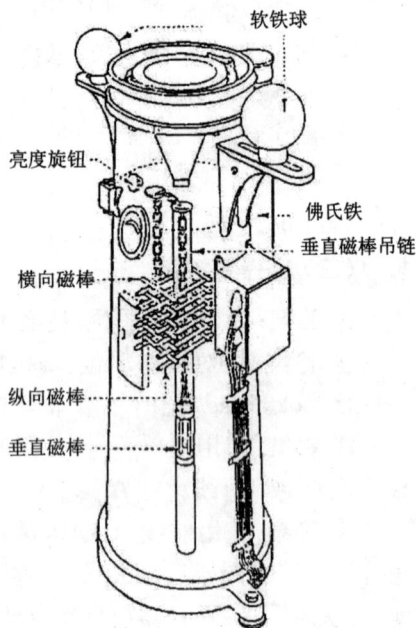

图 3-1　罗经柜

在罗经柜内,罗盘中心正下方安装一根垂直铜管,放置垂直磁铁,用于消除倾斜自差。

在罗经柜内还有水平横向及纵向布置的磁铁棒,用于消除半圆自差。

2. 罗盆

罗盆(图 3-2)由罗盆本体和罗盘组成。

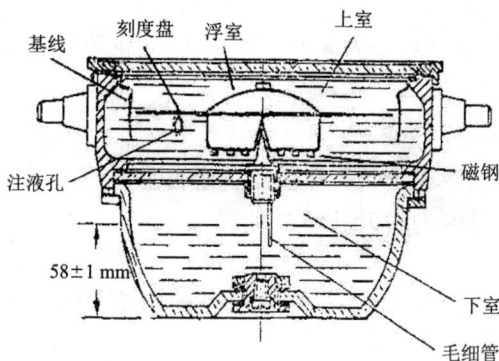

图 3-2　罗盆

罗盆由非磁性材料——铜制成,其顶部有带有水密橡皮圈的玻璃盖,压紧以保持水密,罗盆重心较低,以便在船摇摆时,罗盆仍能保持水平。

罗盆内充满液体,液体通常为 45% 的酒精和 55% 的二次蒸馏水的混合液。酒精的作用是降低冰点。在罗盆的侧壁有一个用螺丝旋紧的注液孔,供灌注液体以排除气泡时使用。

罗盘是磁罗经的核心部分,它是指示方向的灵敏部件。液体罗经的罗盘均由刻度盘、浮室、磁钢和轴帽组成。

刻度盘由云母等轻型非磁性材料制成,上面刻有 0°～360° 的刻度和方向点。罗盘中间为一个水密空气室,称为浮室,用以增加罗盘在液体中的浮力,减轻罗盘与轴针间的摩擦力,提高罗盘的灵敏度。

浮室中心轴底部有宝石制成的轴帽,轴针的尖端与轴帽接触,罗盘由轴帽支撑在轴针上,以减小轴针、轴帽间的摩擦力。

在罗盘的浮室位置装设条形和环形磁钢,在地磁场的作用下,提供指北力。

3. 自差校正器

自差校正器用于校正磁罗经的各种自差。

磁罗经的自差校正器分为半圆自差校正器、次半圆自差校正器、象限自差校正器、倾斜自差校正器。

（二）磁罗经的检查与维护

1. 罗经的日常检查

（1）罗盆本体不能有裂痕。罗盆应水密，内部不能有气泡。

（2）罗盆的刻度盘不能凹凸不平。

（3）罗经液体应无色、透明且无沉淀物。

2. 磁罗经灵敏度检查

（1）目的是检查轴针与轴帽间的摩擦力大小，即磨损程度。

（2）检查条件如下。

① 船靠码头，船、岸机械不工作。

② 标准罗经自差应小于 ±3，操舵磁罗经自差不应大于 ±5。

③ 罗盆内液体温度为（20±3）℃。

3. 检查方法

① 把罗盆搬上岸稳定后，准确记下首基线所指示的航向刻度，用小磁铁或铁棒将罗盘向左或右引偏 2°～3°。

② 待罗盘稳定后迅速移开小磁铁 1 m 以上距离。

③ 观测罗盘静止后是否回到原航向，如果相差大于 0.2°，则说明轴帽与轴针之间的摩擦力大，罗盘的灵敏度降低，可先更换轴针再做实验。若仍达不到要求的数值，轴帽有可能破损，应送工厂修理或换新。

4. 磁罗经摇摆半周期检查

（1）检查目的如下。

检查罗盘磁力的强弱。罗盘磁性太弱，指北力会减小，指向误差增加，影响指向性能。

（2）检查条件如下。

① 把罗盆搬上岸，放到不受磁场干扰的地方。

② 罗盆离地 1 m。

③ 罗盆内液体的温度应为（20±3）℃。

（3）检查方法如下。

① 把罗盆搬上岸并放好，使罗盆离地 1 m，将罗盆的首基线对准罗盘的 0°。

② 用小磁棒将罗盘引偏 40°，稳定后（保持 1～2 s）迅速移去小磁棒。

③ 当罗盘的 0° 第一次经过首基线时，启动秒表。

④ 当罗盘的 0° 第二次经过首基线时，按停秒表。

⑤ 记录罗盘摇摆半周期 T_1。

⑥ 用同样的方法将罗盘向另一侧引偏求出 T_2。

⑦ 摆动半周期为 $T=(T_1+T_2)/2$。

实测的摇摆半周期的数值与出厂说明书的规定值允许差值为 ±15 s。若实测半周期比较大,说明罗盘磁针的磁性减弱太多。如果灵敏度在 0.1° 以内,即使半周期稍长一些,该罗经仍然可以使用。

5. 罗盆内的气泡的排除

(1)操作目的:气泡对读取航向和测定物标方位会产生影响,使测量数值不准,应立即消除。

(2)气泡产生的原因:罗盆不水密,液体漏出,空气进入;浮室中的气体逸出。

(3)消除气泡的方法如下。

① 将罗盆从罗经柜上取下,找出气泡的产生原因。

② 将罗盆侧放,使注液孔朝上,打开螺丝。

③ 取出少量的液体备用。

④ 将配置好的新的液体与取出的液体混合,检查有无色差,有无变色,有无沉淀物。

⑤ 将检查过的液体注入盆内至气泡消除;旋紧螺盖,放平罗盆,轻轻地摆动罗盘,看罗盆内是否仍然存在气泡。

⑥ 若仍有气泡,可重复上述步骤,直至气泡完全消除。

(三)磁罗经自差的测定与自查表的使用

1. 航向比对法测磁罗经自差

船舶在同一航向航行时间过长或转向之后,需要用比对磁罗经航向(CC,简称罗航向)和陀螺罗经航向(GC)的方法,来检查陀螺罗经的工作情况,同时在已知其中一台罗经的误差数据时,求取另外一台罗经的误差数据。通常可以采取航向比对法求得罗经差,其方法如下。

(1)同时读取陀罗航向 GC 和磁罗经航向 CC。

(2)求取真航向:$TC=GC+\triangle G$。

(3)求取罗经差:$\triangle C=TC-CC$。

(4)在船位附近的"罗经花"中查得磁差数据,计算观测年份的磁差。

(5)计算磁罗经自差 $Dev=\triangle C-Var$。[1]

2. 自差表使用

磁罗经自差表以罗航向为查表引数,给出了不同罗航向上的磁罗经自差值。注意不能用真航向代替罗航向为引数查取自差,否则求得的磁罗经自差值会有较大误差。

---

[1] 上述计算方法、单词缩写或代号引自刘德新、王志明的《航海学(航海地文、天文和仪器)》,人民交通出版社 2012 年版。

表 3-1　某轮标准磁罗经自差

2015 年 6 月 5 日　　　　　　　　　　　　　　　　　　　　观测地点:吴淞口

罗航向	磁罗经自差	罗航向	磁罗经自差	罗航向	磁罗经自差	罗航向	磁罗经自差
000°	+2°.8	090°	−2°.5	180°	−1°.0	270°	+1°.9
015°	+2°.6	105°	−3°.4	195°	+0°.2	285°	+1°.8
030°	+2°.0	120°	−3°.9	210°	+1°.2	300°	+1°.9
045°	+1°.2	135°	−3°.8	225°	+1°.8	315°	+2°.0
060°	+0°.1	150°	−3°.1	240°	+1°.9	330°	+2°.3
075°	−1°.2	165°	−2°.2	255°	+2°.0	345°	+2°.6
090°	−2°.5	180°	−1°.0	270°	+1°.9	360°	+2°.8

二、任务训练

(一)实操题卡

(1)了解磁罗经的组成部件与作用。(10 分)

① 对照实物指出罗经柜的位置,叙述其作用。(3 分)

② 对照实物指出罗盆的位置,叙述其作用。(3 分)

③ 对照实物指出自差校正器的位置,叙述其作用。(4 分)

(2)了解磁罗经的检查与维护。(10 分)

① 叙述检查灵敏度的目的,同时进行检查。(2 分)

② 叙述检查灵敏度的条件,同时进行检查。(2 分)

③ 叙述检查灵敏度的方法,同时进行检查。(4 分)

④ 叙述检查结果判断的方法,同时判断。(2 分)

(3)测定磁罗经自差及使用自差表。(10 分)

① 以航向比对法测定磁罗经。(5 分)

2015 年 10 月 4 日,某轮罗航向为 030°,真航向为 028°,已知航行区域的磁差为 4°30′W2013(15′E),求该轮的磁罗经自差。

② 使用自差表。(5 分)

2015 年 12 月 4 日,某轮罗航向为 090°,测得某物标罗方位为 160°。已知航行区域的磁差为 4°30′W2013(15′E),该轮的标准罗经自差如表 3-1 所示。求该轮的真航向和物标的真方位。

(二)实操标准

按《中华人民共和国海船船员适任评估规范》要求,实操题(1)、(2)、(3)的实操标准相同,如下。

① 操作正确,熟练,回答问题完整、准确。(10 分)

② 操作正确,比较熟练,回答问题基本准确。(8分)

③ 操作正确,熟练程度一般,回答问题尚准确。(6分)

④ 操作较差,回答问题错误较多。(4分)

⑤ 操作差,回答问题基本不正确。(2分)

⑥ 无法完成操作,不能回答出问题。(0分)

(三)实操题答案

实操题(1)答案:根据要求指明其位置,并叙述作用。① 罗经柜:支撑罗盆和安放自差校正器;② 罗盆:指示方向的灵敏部件;③ 自差校正器:校正磁罗经的各类自差。

实操题(2)答案如下。

① 检查的目的是检查罗盘磁力的强弱。罗盘的磁性太弱,指北力会减小,指向误差增加,影响指向性能。

② 检查条件:把罗盆搬上岸,放到不受磁场干扰的地方。使罗盆离地1 m;罗盆内液体的温度应为(20±3)℃。

③ 检查方法:把罗盆搬上岸稳定后,准确记下首基线所指示的航向刻度,用小磁铁或铁棒将罗盘向左或右引偏2°～3°,待罗盘稳定后迅速移开小磁铁1m以上距离。观测罗盘静止后是否回到原航向。

④ 检查结果判断:观测罗盘停止摆动后是否回到原来位置,如果相差大于0.2°,则说明轴帽与轴针之间的摩擦力大,罗盘的灵敏度降低,可先更换轴针再做实验。若仍达不到要求数值,轴帽有可能破损,应送工厂修理或换新。

实操题(3)答案如下。

① $\Delta C = TC - CC = 028° - 030° = -2°$;$Var = 4°30'W + (2015 - 2013) \times 15'E = -4°$;$Dev = \Delta C - Var = -2° - (-4°) = +2°$。

② 2015年航行区域的磁差为:$Var = 4°30'W + (2015 - 2013) \times 15'E = -4°$;根据该轮的标准磁罗经自差,查得罗航向090°时的自差为:$Dev = -2°.5$;所以 $\Delta C = Var + Dev = -4° + -2°.5 = -6°.5$;计算求得该轮的真航向 $TC = CC + \Delta C = 090° + (-6°.5) = 83°.5$,物标的真方位 $TB = CB + \Delta C = 160° + (-6°.5) = 153°.5$。[1]

任务二 陀螺罗经

一、任务内容

以安许茨4型陀螺罗经为例介绍任务内容。

---

[1] 上述计算方法、单词缩写或代号引自刘德新、王志明的《航海学(航海地文、天文和仪器)》,人民交通出版社2012年版。

（一）安许茨4型陀螺罗经的结构与保养

1. 安许茨4型陀螺罗经设备组成及作用（如图3-3所示）

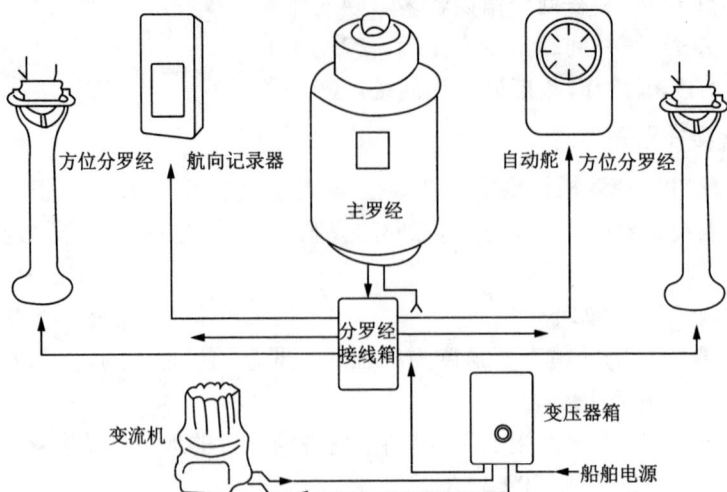

图3-3　安许茨4型陀螺罗经设备的组成

（1）主罗经：灵敏部分具有自动找北、指北功能。

（2）变流机：变流机将船电转换为罗经用电。

（3）变压器箱：其电源开关、电磁开关和过电流保护开关控制和保护变流机。电源变压器产生罗经的单相交流电源。

（4）分罗经接线箱：可分接出12个分罗经或仪器设备。

（5）分罗经：分为用于观测航向的航向分罗经、用于观测航向和方位的方位分罗经。

（6）航向记录器：记录船舶历史航迹向，也可以从航向记录器的分罗经上读取当前航向。

2. 主罗经组成及作用

安许茨4型陀螺罗经的主罗经由灵敏部分、随动部分和固定部分组成。

（1）灵敏部分（图3-4）的具体情况如下。

安许茨4型陀螺罗经的灵敏部分为双转子陀螺球。球壳表面赤道圈上，有0°～360°航向刻度。有5个石墨导电电极、3个三相电输入电极，分别位于陀螺球的顶部（顶电极）、底部（底电极）、赤道（赤道电极）；两个随动电极，分别位于赤道航向刻度87°.5和272°.5的位置上。陀螺球壳为黄铜制成，除电极之外的其他部分均涂有绝缘硬橡胶。

在陀螺球内有一个灯形支架，其与陀螺球壳连接成一体，使用110V/333Hz的三相交流电，转子转速高达20 000 r/min。此结构布置用以消除船舶的摇摆误差。

在灯形支架的上端有一个液体阻尼器,其中盛有阻尼液体。

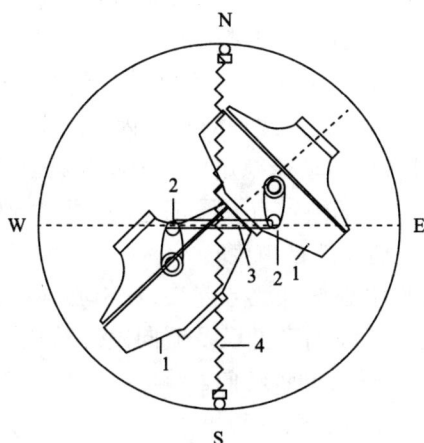

1—陀螺电机;2—曲柄;3—连杆;4—中心弹簧。

图 3-4 灵敏部分双转子陀螺球

在陀螺球底部固定有电磁上托线圈,接有 110V/333Hz 交流电,提供升力,保持陀螺球在随动球内的正常位置。

密闭的陀螺球内充装有氢气,用以减少转动部分转动时产生的摩擦阻力。

正常工作时,陀螺球与随动球的内壁间隙在左、右赤道处约为 4 mm,距离上边 4 mm,距离下边 8 mm。陀螺球具有自动找北以及稳定指北的性能。

(2)随动部分(图 3-5)的组成部分如下。

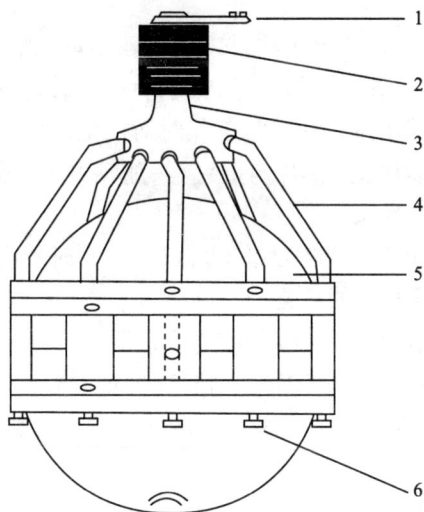

1—啮合凹槽;2—汇电环;3—中心导杆;4—蜘蛛架;5—随动球;6—胶木螺帽。

图 3-5 随动部分——随动球

随动球：由两个铝质的半球组成，外壁涂有绝缘橡胶，内壁有 5 个与陀螺球外壳电极相对应的导电电极，赤道带镶有赤道线的有机玻璃板作为观察窗口，能够观测陀螺球航向以及陀螺球高度数值。

蛛蛛架：其作用一是通过末端的螺栓、螺帽，使上、下半球组合及拆分，便于取出和放入陀螺球；二是作为导线使随动球内壁 5 个电极与汇电环的电路连通；三是和中心导杆连接，使随动球稳定地挂于罗经桌上。

中心导杆：中心导杆上部固定有 6 圈汇电环，通过导线和蜘蛛架连通。下部与蜘蛛架相连接，使随动球能自由旋转。

方位齿轮：一方面与中心导杆上方连接，让中心导杆带动随动球跟踪陀螺球一起转动；另一方面与罗经刻度盘以及航向发送器相连接，使主罗经刻度盘与随动球的相对位置始终保持同步转向。

方位电机：用以驱动方位齿轮转动。

主罗经刻度盘：用以指示船舶航向。

（3）固定部分的组成如下。

罗经桌：可作为贮液缸的缸盖，也可用于安装随动部件、航向同步发送机等。

贮液缸：用紫铜制成，内、外壁均涂有绝缘硬橡胶，中间部位有观测陀螺球的玻璃窗口和罗经基线，用以观测陀螺球航向和陀螺球高度数值。

支承液体：由 10 L 蒸馏水、1 L 甘油、10 g 苯甲酸（俗称安息香酸）组成。甘油是为了增加液体比重，苯甲酸提高了液体的导电能力。

航向同步发送机：由方位电机与方位齿轮带动，将主罗经航向信号发送至各分罗经。

测速电机：其转子由方位电机通过方位齿轮带动，当船舶转向时，其信号绕组，产生与船舶转向速率成正比的信号，指示船舶的转向速率。

电风扇：位于罗经箱的底部中间，工作时对贮液缸吹风，起到冷却目的。

罗经箱体内的安装板上，有音响报警器、随动开关、放大器件、电子测速器电路板、保险丝、接线板等元件。

报警器：当支承液体高于 57 ℃ 报警，低于 49 ℃ 时就会产生温度报警。

3. 安许茨 4 型陀螺罗经的日常检查

（1）日常检查陀螺罗经的各项参数是否正常。

（2）航行中检验是否有速度误差，消除速度误差。

（3）温度报警器报警时，必须对支承液体降温。液温达到 60 ℃ 时，罗经不能正常工作，应关闭罗经。

（4）定期清洁汇电环、变流机汇电环，保证其接触良好。

（5）对机械转动部分定期进行清洁、加润滑油，以保证转动灵活。

（二）安许茨4型陀螺罗经操作

1. 启动前注意事项

（1）从注液孔测量贮液缸液面高度，液面与注液孔上沿的距离应为4～5 cm，否则应添加液体。

（2）调整各分罗经航向，使其与主罗经航向保持一致。

（3）变压器箱上的电源开关与主罗经箱上的随动开关应置于"Off"挡位。

（4）各接线板、插头插座、保险丝应接触良好、无损坏，机械构件的转动部分转动良好。

（5）调整航向记录器记录的航向，使其与主罗经航向保持一致，时间与船钟时间保持一致。

（6）主罗经及各分罗经的照明灯及功能处于正常状态，亮度应适当。

2. 启动及关闭

（1）启动的操作如下。

① 接通船电，接通变压器箱上的电源开关。

此时三相交流电指示灯亮，主罗经缓慢运转。

② 20 min后，再接通主罗经上的"随动开关"。

当主罗经达到额定转速时，三相电流指示灯的亮度略微变暗；此时，打开随动开关，使随动部分开始工作。4～6 h陀螺罗经稳定指北。

③ 如何判断陀螺罗经是否稳定指北：支承液体温度达到（52±1）℃。陀螺球高度比随动球高（2±1）mm，符合要求。

（2）关机。

① 关闭"随动开关"。

② 关闭"电源开关"。

③ 关闭"船电开关"。

3. 陀螺罗经航向的读取

启动时，稳定指北时间4～6 h，航向读数可精确到0.5°。

二、任务训练

（一）实操题卡

（1）了解陀螺罗经的结构与保养。（10分）

① 对照安许茨4型陀螺罗经，指出整套设备的组成并叙述各组成部分的作用。

② 对照安许茨4型陀螺罗经，叙述支承液体的成分及其作用。

③ 对照安许茨4型陀螺罗经，叙述日常检查注意事项。

（2）陀螺罗经操作。（10分）

① 对照安许茨4型陀螺罗经，操作并叙述陀螺罗经启动前注意事项。

② 对照安许茨4型陀螺罗经，操作并叙述陀螺罗经的启动与关闭过程。

③ 对照安许茨4型陀螺罗经，读取陀螺罗经航向，同时叙述过程。

（二）实操标准

按《中华人民共和国海船船员适任评估规范》要求，实操题（1）与（2）的实操标准相同，如下。

① 操作正确，熟练，回答问题完整、准确。（10分）

② 操作正确，比较熟练，回答问题基本准确。（8分）

③ 操作正确，熟练程度一般，回答问题尚准确。（6分）

④ 操作较差，回答问题错误较多。（4分）

⑤ 操作差，回答问题基本不正确。（2分）

⑥ 无法完成操作，不能回答出问题。（0分）

（三）实操题答案

实操题（1）答案如下。

① 主罗经灵敏部分具有自动找北、指北功能。变流机变流机将船电转换为罗经用电。变压器箱的电源开关、电磁开关和过电流保护开关控制和保护变流机；电源变压器产生罗经的单相交流电源。分罗经接线箱可分接出12个分罗经或仪器设备。分罗经分为用于观测航向的航向分罗经、用于观测航向和方位的方位分罗经。航向记录器记录船舶历史航迹向，也可以从航向记录器的分罗经上读取当前航向。

② 支承液体由10 L蒸馏水、1 L甘油、10 g苯甲酸组成。甘油是为了增加液体比重，苯甲酸提高了液体的导电能力。

③ 日常检查陀螺罗经的各项参数是否正常。航行中检验是否有速度误差，消除速度误差。温度报警器报警时，必须对支承液体降温。液温达到60 ℃时，罗经不能正常工作，应关闭罗经。定期清洁汇电环、变流机汇电环，保证其接触良好。对机械转动部分定期进行清洁、加润滑油，以保证转动灵活。当罗经不工作时，避免大幅度摇动主罗经，以免因陀螺球不工作而无聚中力，还要避免随动球碰撞损坏。罗经不工作时若船舶摇摆较大，应启动罗经，使其工作，避免损坏陀螺球。

实操题（2）答案如下。

① 从注液孔测量贮液缸液面高度，液面与注液孔上沿的距离应为4～5 cm，否则应添加液体。调整各分罗经航向与主罗经航向，使其保持一致。变压器箱上的电源开关与主罗经箱上的随动开关应置于"Off"挡位。各接线板、插头插座、保险丝应接触良好无损坏，机械构件的转动部分转动良好。调整航向记录

器记录的航向,使其与主罗经航向保持一致,时间与船钟时间保持一致。罗经及各分罗经的照明灯及功能处于正常状态,亮度应适当。

② 陀螺罗经的启动过程如下。

接通船电,接通变压器箱上的电源开关。此时三相交流电指示灯亮,主罗经缓慢运转。20 min 后,再接通主罗经上的"随动开关"。当主罗经达到额定转速时,三相电流指示灯的亮度略微变暗;此时,打开随动开关,使随动部分开始工作。4~6 h 陀螺罗经稳定指北。

当支承液体温度达到(52±1) ℃,陀螺球比随动球高(2±1) mm 时,可以判断罗经已稳定指北。

陀螺罗经的关闭过程如下。

关闭"随动开关"。

关闭"电源开关"。

关闭"船电开关"。

③ 读取陀螺罗经航向。

启动时,稳定指北时间为 4~6 h,航向读数可精确到 0.5°。

任务三 船用计程仪

一、任务内容

(一)计程仪工作状态的检查

以 DS-50 型多普勒计程仪为例进行介绍,显示器面板如图 3-6 所示。

1. 主要按键及其功能

(1)跟踪方式(Mode)按键:用以选择计程仪的海底跟踪、水层跟踪和自动跟踪等跟踪方式。

(2)航程/龙骨下水深(Distance/Keel Clearance)按键:选择航程或龙骨下水深的显示方式,选择完毕,显示窗口上方的 Distance 或 Keel Clearance 指示灯亮,处于开启状态。

(3)亮度(Dimmer)按键:用以调节显示面板的亮度。

(4)航速单位(kt 或 m/s)按键:

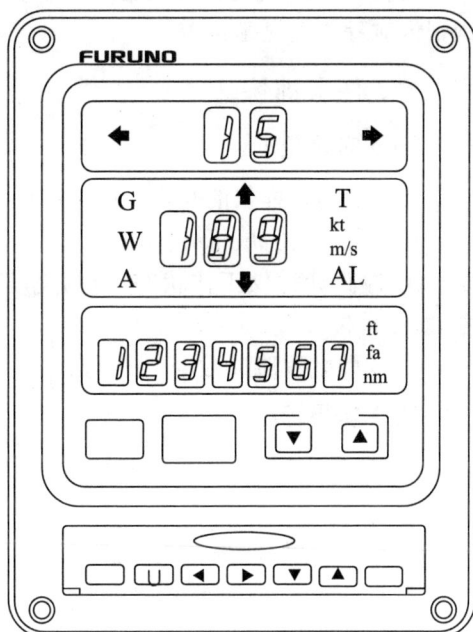

图 3-6 显示器面板

用以选择适当的速度单位。

（5）设置（Set）按键：用以输入预置航程数据。

（6）上、下、左、右箭头按键：用以改变预置航程数据的大小。

（7）电源按键（Power）：用以接通、关闭设备电源。

2. 计程仪启动

（1）按 Power 键，用以接通电源，机设备进入自检状态。

（2）自检完毕，航速和航程数据即可显示出来。

（3）使用 Dimmer，控制适当的亮度。

（4）使用 Mode 键，选择计程仪处于海底跟踪、水层跟踪、自动跟踪等跟踪方式。

（5）使用 kt 或 m/s 键以设置速度单位。

（6）使用 Distance/Keel Clearance 键以选择航程显示或者水深显示方式。

（7）预置初始航程：航程数据在上一次关机时被保存下来，使用设置（Set）键对航程清零或输入预置航程。

（二）读取航程航速数据

DS-50 型多普勒计程仪主显示器面板上，共有三个显示区。

船首左、右横移速度显示区：用以指示船首横移方向及速度数据。

船舶前进、后退速度显示区：用以显示相应的前进、后退速度数据。

航程、水深显示区：用以显示工作状态指示（Distance 或 Keel Clearance），右侧则为航程单位显示位置。

二、任务训练

（一）实操题卡

了解船用计程仪的操作。（10分）

在计程仪上完成下列操作。

① 检查计程仪工作状态，包括亮度调节、显示模式的转换、计程仪计程清零、航速单位设置。（5分）

② 读取航程航速数据。（5分）

（二）实操标准

按《中华人民共和国海船船员适任评估规范》要求，本部分实操题的实操标准如下。

① 操作正确，熟练，回答问题完整、准确。（10分）

② 操作正确，比较熟练，回答问题基本准确。（8分）

③ 操作正确，熟练程度一般，回答问题尚准确。（6分）

④ 操作较差，回答问题错误较多。（4分）

⑤ 操作差,回答问题基本不正确。(2分)

⑥ 无法完成操作,不能回答出问题。(0分)

(三)实操题答案

① 答案:在 DS-50 型多普勒计程仪主显示器面板上进行具体操作。

亮度(Dimmer)按键:用以调节显示面板的亮度。

跟踪方式(Mode)按键:用以选择计程仪的海底跟踪、水层跟踪和自动跟踪等跟踪方式。

预置初始航程:航程数据在关机后仍然保存,使用设置(Set)键可对航程清零或输入预置航程。

航速单位(kt 或 m/s)按键:用以选择适当的速度单位。

② 答案:在 DS-50 型多普勒计程仪的主显示器面板上三个显示区读取具体的航程航速数据。

任务四　回声测深仪

一、任务内容

(一)测深仪工作状态检查

以 DS207 型测深仪为例进行介绍,主显示器面板如图 3-7 所示。

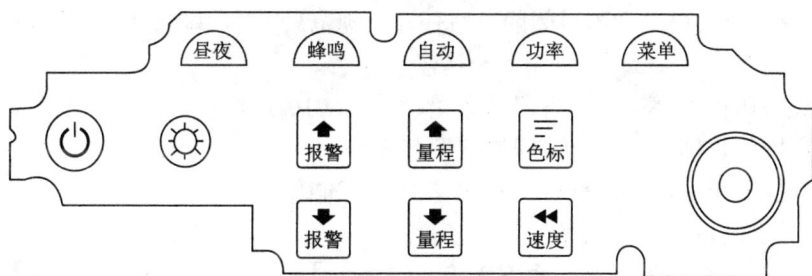

图 3-7　主显示器面板

按键及功能如下。

⏻ 电源开关:启动、关闭设备。

☼ 亮度调节开关:用以调节显示屏亮度。

昼夜 昼夜模式设置:用以选择设置白天、黑夜的显示模式。

蜂鸣 蜂鸣器:用以设置蜂鸣报警。屏幕会有 Buz:On/Off 的显示。

自动 自动量程:用以切换手动量程、自动量程。

功率 用以设置发射功率。

菜单 菜单键:按下显示设备工作参数,不动时 5 s 自动消失。

⬆️报警 ⬇️报警 浅水报警模式设置。按下上、下按键用以调节报警深度及关闭报警。浅水报警范围为 0.4～10.0 m,最小步距为 0.1 m。

⬆️量程 ⬇️量程 量程设置键:用以更改基本量程。

▤色标 色标调节:有 8 个等级色标,用以表示回波强弱。

⏪速度 成像速度设置:用以设置成像次数/发射次数。

◎ 增益调节旋钮,用以改变接收器灵敏度。最弱灵敏度为 1,最强灵敏度为 20。

(二)读取水深数据

在数据显示窗口读取相应的水深数据。

二、任务训练

(一)实操题卡

了解回声测深仪的操作。(10 分)

在 CVS-118 型测深仪上完成下列操作。

① 检查测深仪工作状态,包括量程设置、昼夜模式设置、报警深度设置、增益设置、色标设置、成像速度设置。(5 分)

② 读取水深数据。(5 分)

(二)实操标准

按《中华人民共和国海船船员适任评估规范》要求,本部分实操题的实操标准如下。

① 操作正确,熟练,回答问题完整、准确。(10 分)

② 操作正确,比较熟练,回答问题基本准确。(8 分)

③ 操作正确,熟练程度一般,回答问题尚准确。(6 分)

④ 操作较差,回答问题错误较多。(4 分)

⑤ 操作差,回答问题基本不正确。(2 分)

⑥ 无法完成操作,不能回答出问题。(0 分)

(三)实操题答案

① 答案:按基本量程上、下键,更改基本量程。分为 5-10-20-30-40-50-60-80-100-150-200-300-400 米,共 13 个级。

用昼夜模式设置来设置白天、黑夜的显示模式。

用报警深度设置,按下上、下按键以调节报警深度及关闭报警。浅水报警范围 0.4～10.0 m,最小步距为 0.1 m。

用增益调节旋转按钮以改变接收器灵敏度。最弱灵敏度为 1,最强灵敏度为 20。

色标设置：有 8 个等级色标，用以表示回波强弱。从强到弱颜色显示依次为：红－橙－黄－绿－淡绿－湖蓝－浅蓝－深蓝；默认开机回波颜色显示为红－橙－黄。

用成像速度设置键以设置成像次数／发射次数。速度挡位分为 1/16、1/8、1/4、1/2、1/1、2/1、4/1、STOP 挡位。

任务五　船载 GPS/DGPS 卫星导航仪

一、任务内容

以 GPS-150 卫星导航仪为例，控制面板如图 3-8 所示。

（一）GPS/DGPS 的定位操作

1. 根据航行海域环境和卫星接收状态进行卫星导航仪初始化输入

（1）Power：开机、关机时按电源按键。

Menu ESC：菜单退出键。

NU/CU ENT：选择向上显示模式／确认操作。

Display SEL 1：显示模式选择。

WPT RTE 2：转向点设置。

Mark 3：标记设置。

Zoom In 4：放大显示操作。

Center 5：船位／光标位置居中显示。

Event MOB 6：人员落水位置信息事件标记。

GOTO 7：航路设置。

Plot On/Off 8：打开或关闭本船航迹记录和标记。

Zoom Out 9：缩小显示操作。

Cursor On/Off 0：光标开或关。

Tone：对比度调节或经纬度坐标转换。

Clear：清除或退出。

（2）按 Menu ESC：菜单键、退出键进入 Main Menu 菜单。

Display Setup：显示设置。

Track/Mark Setup：航迹／标识设置。

Rease Track/Mark：删除航迹／标识。

Alarm Settings：警报设置。

图 3-8　GPS-150 卫星导航仪控制面板

Manual Calculation：手动计算。

GPS Monitor：GPS 监控。

Self Tests：自检。

System Setting：系统设置。

（3）从 Main Menu 菜单中进入 System Setting（系统设置）。

Plotter Setup：标绘仪设置。

Unit Setup：单位设置。

Data Setup：输出数据，设置数据。

GPS Setup：GPS 设置。

WAAS/DGPS Setup：广域扩充系统／差分 GPS 设置。

LOP Setup：船位线设置。

Clear Memory：清除记忆存储。

（4）从 System Setting（系统设置）界面进行各项初始化输入操作。

① Plotter Setup 标绘仪设置如下。

Memory Apportion：记忆分配。

Bearing Ref.：方位显示模式（真方位、磁方位）。

Mag Variation：磁方位校正（自动、手动）。

Calculation：计算方式（恒向线、大圆）。

② Unit Setup（单位设置）如下。

Unit Of Distance：距离单位（海里、千米、英里）。

Unit Of Depth：水深单位（米、英尺、法拉）。

Unit Of Temp.：温度单位（摄氏度、华氏度）。

Unit Of Altitude：高度单位（米、英尺）。

③ GPS 设置如下。

Fix Mode：图像绘制模式（2D、2/3D 自动转换模式）。

ANT Height：天线高度（18 m）。

Disable Satellite：禁用卫星（1-32）。

RAIM Function：收机自体完好性监控功能（关闭／开启）。

RAIM Accuracy：监控精度（100 m）。

Geodetic Datum：大地坐标系（WGS84／NAD27／其他）。

Posn Offset：位置修正补偿。

Time Diff.：时区。

Posn：概略船位。

④ 广域扩充系统／差分 GPS 设置。

Mode：模式（自动／手动）。

WAAS Search：广域扩充系统搜索（自动／手动）。

Corrections Data Set：修正数据设置。

DGPS Station：DGPS 站设置（自动／手动／清单目录）。

⑤ 清除储存器。

Clear Plotter：清除标绘仪存储（否／是）。

Clear GPS：清除 GPS 存储（否／是）。

Clear All：清除所有存储（否／是）。

2. 读取船位数据，确认定位精度

按下控制面板上 Display SEL 1，选择适当的模式显示数据，在显示窗口读取当前经纬度数据。进入 System Setting（系统设置）窗口中打开 GPS 设置，查看 RAIM Accuracy 数据监控精度。

（二）GPS／DGPS 的导航操作

1. 转向点设置

按下控制面板 WPT RTE 2 航路点、航线设置，显示界面如下。

Cursor：光标使用。

MOB／Event Position：人员落水／事件位置标记。

Own Ship Position：本船船位显示。

R／B To Position：到达某一航路点的方位距离。

Waypoint list：航路点列表。

Route Planning：航次计划。

在 WPT RTE 航路点／航线窗口中，进入 Waypoint list 航路点菜单，进行转向点编辑设置操作。

2. 航线设定

在 WPT RTE 航路点／航线窗口中，进入 Route Planning，设计航线航路点，进行航线编辑操作。

3. 航行监控报警信息设置

按下控制面板按 Menu ESC 进入 Main Menu，选择 Alarm Settings 窗口进行报警设置。

4. 进入 Alarm Settings（报警设置）

Arrival／Anchor：到达／走锚报警（到达／走锚／关闭）。

Alarm Range：报警距离（0.300 n mile）。

XTE：偏航报警（开／关）。

Alarm Range：报警距离（0.500 n mile）。

Ship Speed：航速报警（IM／OVER／关闭）。

Speed Range：航速数据设置（012.0～015.0 kn）。

Trip：轨迹（开启／关闭）。

Trip Range：轨迹航程（0072.12 n mile）。

Water Temp：水温报警（IM／OVER／关闭）。

Temp.Range：+11.0～+15.0 ℃（+为零上，-为零下）。

Depth：吃水报警（IM／OVER／关闭）。

Depth Range：3.4～4.6 m。

WAAS／DGPS：广域扩充系统／差分全球定位系统。

二、任务训练

（一）实操题卡

（1）了解 GPS／DGPS 卫星导航仪的定位操作。（10 分）

① 卫星导航仪初始化输入，包括但不限于：大地测量坐标系，WGS-84；天线高度，16 m；显示模式：3D。

② 读取经纬度。

（2）了解 GPS／DGPS 卫星导航仪的导航操作。（10 分）

① 设置转向点。

编号：自定；名称：QD；纬度：36°22′.0N；经度：118°35′.0E。

编号：自定；名称：KPD；纬度：35°55′.0S；经度：018°25′.0E。

② 编辑航线。

③ 偏航报警设置：0.3 n mile；报警轨迹设置：开启。

（二）实操标准

按《中华人民共和国海船船员适任评估规范》要求，实操题（1）与（2）的实操标准相同，如下。

① 操作正确，熟练，回答问题完整、准确。（10 分）

② 操作正确，比较熟练，回答问题基本准确。（8 分）

③ 操作正确，熟练程度一般，回答问题尚准确。（6 分）

④ 操作较差，回答问题错误较多。（4 分）

⑤ 操作差，回答问题基本不正确。（2 分）

⑥ 无法完成操作，不能回答出问题。（0 分）

（三）实操题答案

实操题（1）答案如下。

① 按 Menu/ESC，进入 Main Menu，选择 System Setting（系统设置）界面进行各项初始化输入操作，界面如下。

Fix Mode：图像绘制模式（2D、2/3D 自动转换模式）。

ANT Height: 天线高度(16 m)。

Disable Satellite: 禁用卫星(1-32)。

RAIM Function: 收机自体完好性监控功能(关闭/开启)。

RAIM Accuracy: 监控精度(100 m)。

Geodetic Datum: 大地坐标系(WGS84/NAD27/其他)。

Posn Offset: 位置修正补偿。

Time Diff.: 时区。

Posn: 概略船位。

② 按 GPS-150 卫星导航仪控制面板 Display SEL 1,选择合适的数据显示模式,在显示器上读取当前船位的经纬度。并进入 System Setting 界面中 GPS 设置中查看 RAIM Accuracy 监控精度。

实操题(2)答案如下。

① 按 GPS-150 卫星导航仪控制面板 WPT RTE 2 航路点/航线,进入界面。

Cursor: 光标使用。

MOB/Event Position: 人员落水/事件位置标记。

Own Ship Position: 本船船位显示。

R/B To Position: 到达某一航路的方位距离。

Waypoint list: 航路点列表。

Route Planning: 航次计划。

在 WPT RTE 航路点/航线窗口中,进入航路点菜单,进行转向点编辑设置。QD36°22′.000N118°35′.000E;KPD35°55′.000S018°25′.000E。

② 在 WPT RTE 航路点/航线窗口中,进入 Route Planning 设计航线菜单,进行航线编辑设置。选择航线编号 001,进入该航线编辑,输入转向点编号。航线 001QD36°23′.000N118°35′.000E;KPD35°55′.000S018°25′.000E。

③ 按 Menu/ESC 进入 Alarm Settings,开启 XTE 偏航报警,输入报警值 0.3 n mile,开启 Trip,界面如下。

Arrival/Anchor: 到达报警/走锚报警(达到/走锚/关闭)。

Alarm Range: 报警范围(0.300 n mile)。

XTE: 偏航报警(开/关)。

Alarm Range: 报警距离(0.500 n mile)。

Ship Speed: 航速报警(IM/OVER/关闭)。

Speed Range: 航速报警(012.0～015.0 kn)。

Trip: 轨迹(开启/关闭)。

Trip Range: 轨迹航程(0072.12 n mile)。

Water Temp.: 水温报警(IM/OVER/关闭)。

Temp. Range：+11.0～+15.0 ℃（+ 为零上，- 为零下）。

Depth：吃水报警（IM / OVER / 关闭）。

Depth Range：3.4～4.6 m。

WAAS/DGPS：广域扩充系统 / 差分全球定位系统。

任务六　船载 AIS 设备

一、任务内容

以 FURUNO 公司生产的"FA-100"AIS 为例，介绍 AIS 设备使用操作流程。FA-100AIS 主机和主菜单如图 3-9 所示。

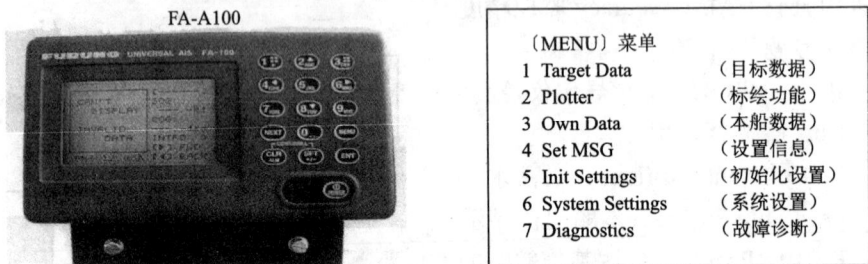

图 3-9　FA-100 外形与主菜单

如需选择某一菜单，按下按键或"Next"键选择后，按"ENT"键开启。

（一）船载 AIS 设备本船信息查验、航次信息输入、安全相关短消息发送和设备报警信息查验

1. 本船静态信息查验

在主菜单上，选择 3 Own Data，在本船数据信息窗口，选择 1 Own Static Data。在本船静态信息显示分窗口内，共有 5 层子菜单显示窗口，通过按击"向下"键逐一进入若干窗口。可以查看或设置以下数据信息：MMSI（海上移动业务识别号）、IMO 编号、船名与呼号、船长与宽、船舶种类、天线位置等。

2. 本船动态信息查验

在主菜单上，选择 3 Own Data，在本船信息窗口中，进入 2 Own Dynamic Data，可以查看或设置以下数据信息：经纬度、对地航向 / 航速、旋回速率、罗经方位等。

3. 航次相关信息输入

（1）初始设置。

在主菜单中选择 5 Init Settings，在初始设置菜单中选 1 Set Ship Data，进入船舶信息设置菜单。操作后，按"ENT"确认，再按"Menu"退出，并在"Yes/No/Cancel"中选择"Yes"，确认储存。

（2）目的港设置。

在主菜单中选择 5 Init Settings，在初始设置菜单中选 1 Set Destination。在该设置窗口，输入目的地名后，按"ENT"键，再按"Menu"菜单键退出，并在"Yes/No/Cancel"中选择"Yes"确认储存。

（3）航行状态信息设置。

在主菜单中选择 5 Init Settings，在初始设置菜单中选 5 Set Nav Status，在该设置窗口，要设定航行状态的编号，在完成操作后，按下"ENT"键，再按"Menu"键，退回主菜单，并在"Yes/No/Cancel"中选择"Yes"，确认储存。

航行状态信息编号及含义如表 3-2 所示。

表 3-2　航行状态信息编号及含义

状态编号	英文	中文译意
00	Underway Using Engine（Default）	机器推进航行（缺省值）
01	AT Anchor	锚泊
02	Not Under Command	失控
03	Restricted Maneuverability	操纵能力受限
04	Constrained By Draught	被强迫拖引
05	Moored	系泊
06	Aground	搁浅
07	Engaged In Fishing	从事捕鱼
08	Underway By Sailing	用帆航行
09	Reserved For High Speed Craft（HSC）	保留用于高速艇
10	Reserved For Wing In Ground（for example, hydrofoil）	保留用于飞翼船（如水翼艇）
11-15	Reserved For Future use	保留用于将来使用

（4）设置船舶类型和乘员人数

在主菜单中选择 5 Init Settings，在初始设置菜单中选 4 Set Type & Crew 进行船舶类型和乘员人数设置，在该设置窗口，设置乘客和船员人数并选择船舶类型，在"Type Class"（AIS 类型）子菜单中，总是选 A，按下"ENT"键，再按"Menu"键，退回主菜单，并在"Yes/No/Cancel"中选择"Yes"，确认储存。

（5）CPA 和 TCPA 设置

在主菜单中选择 5 Init Settings，进行初始设置，在初始设置菜单中选 5 Set CPA/TCPA，完成预计相遇最近点/预计相遇最近点的时间设置，在该设置窗口，设置预计最小会遇距离及最小会遇时间的报警，"ACTV"可选 DSBL（不用），也可选 ENBL（可用），按下"ENT"键，再按"Menu"键，退回主菜单，并在

"Yes/No/Cancel"中选择"Yes",确认储存。

4. 编辑并群发或寻址发送安全相关短消息

（1）编辑短消息（Create MSG）。

在主菜单上，选择 4 Set MSG 进行短消息设置编辑，在设置短消息窗口，选择 1 Create MSG，进行选择创建短消息，群发或寻址发送等操作，在窗口中共有三个选项：Set MSG Type（短消息类型）、Set MSG（设置短消息）、Send MSG（发送短消息），可根据需要进行选择。

（2）发送短消息（Xmit MSG）。

在主菜单上，选择 4 Set MSG，设置短消息，在设置短消息窗口中，选择 2 Xmit MSG（S），发送短消息。

（二）船载 AIS 设备目标信息的获取

1. 正确识别休眠目标、激活目标、被选目标、危险目标和丢失目标

在 AIS 标绘器上，显示距离内，附近水域装有 AIS 并正常开启的船舶都会以"目标标志"的方式自动呈现出来。AIS 船载设备报告目标类型及符号如表 3-3 所示。

表 3-3　AIS 船载设备报告目标类型及符号

类型	符号	说明
休眠目标		锐角等腰三角形，指向HL或COG。位置在三角中心。符号小于激活目标
激活目标		图标显示，短虚线为COG/SOG，实线为HL，其末端折线为船舶转向
被选目标		图标/字母数字显示目标详细数据，以四角方框指示
危险目标		CPA/TCPA小于设置值，以红色粗线条显示，确认后停止闪烁
丢失目标		十字交叉线（或被一直线交叉），不显示矢量、HL和转向率。符号闪烁
轮廓目标		小量程，根据目标船长、船宽和天线位置，显示实船轮廓

注：HL 为船首线，COG 为对地航向，SOG 为对地航速，CPA 为最小会遇距离，TCPA 为最小会遇时间。

2. 读取被选目标的静态信息、动态信息和航次相关信息

在主菜单中选 1 Target Data 查询目标信息，当 AIS 无目标信息时，屏幕显示"No Target!"，如接收到目标信息时，可通过"Next"键，选择目标船名，查询目标船的相关信息。

3. 读取安全相关短消息

在主菜单上,选择 4 Set MSG,进行短消息设置,在设置短消息窗口,选择 3 RCVD MSG(S),查询接收到的短消息,还可查询接收到的短消息的数量、类型、日期、时间、目标船的 MMSI 等信息。

二、任务训练

(一)实操题卡

(1)船载 AIS 设备本船信息查验、航次信息输入、安全相关短消息发送和设备报警信息查验。(10 分)

① 本船静态信息查验。

② 本船动态信息查验。

③ 输入本船的目的港上海港,船员人数 15 人。

(2)获取船载 AIS 设备目标信息。(10 分)

① 识别休眠目标、激活目标、被选目标、危险目标和丢失目标。

② 编辑并群发安全相关短消息。

③ 读取安全相关短消息。

(二)实操标准

按《中华人民共和国海船船员适任评估规范》要求,实操题(1)与(2)的实操标准相同,如下。

① 操作正确,熟练,回答问题完整、准确。(10 分)

② 操作正确,比较熟练,回答问题基本准确。(8 分)

③ 操作正确,熟练程度一般,回答问题尚准确。(6 分)

④ 操作较差,回答问题错误较多。(4 分)

⑤ 操作差,回答问题基本不正确。(2 分)

⑥ 无法完成操作,不能回答出问题。(0 分)

(三)实操题答案

实操题(1)答案如下。

① 在主菜单上,选择 3 Own Data,在本船数据信息窗口,选择 1 Own Static Data。在本船静态信息显示分窗口内,共有 5 层子菜单显示窗口,通过按击"向下"键逐一进入窗口。可以查看或设置以下数据信息:MMSI(海上移动业务识别号)、IMO 编号、船名与呼号、船长与宽、船舶种类、天线位置等。

② 在主菜单上,选择 3 Own Data,选择 2 Own Dynamic Data,可以查看或设置以下数据信息:经纬度、对地航向/航速、旋回速率、罗经方位等。

③ 在主菜单中选择 5 Init Settings,在初始设置菜单中选 4 Set Type & Crew,进行船舶类型和乘员人数设置,在该设置窗口,设置乘客和船员人数为

15人并选择船舶类型,在"Type Class"(AIS类型)子菜单中,总是选A,按下"ENT"键,再按"Menu"键,退回主菜单,并在"Yes/No/Cancel"中选择"Yes"确认储存。

实操题(2)答案如下。

① 在AIS标绘器上根据指令正确识别指定的休眠目标、激活目标、被选目标、危险目标和丢失目标。

② 编辑编辑并群发安全短消息:在主菜单上,选择4 Set MSG进行短消息设置编辑,在设置短消息窗口,选择1 Create MSG,进行选择创建短消息,群发或寻址发送等操作,在窗口中共有三个选项:Set MSG Type(短消息类型)、Set MSG、Send MSG,可根据需要选择群发。

③ 在主菜单上,选择4 Set MSG,进行短消息设置,在设置短消息窗口,选择3 RCVD MSG(S),查询接收到的安全相关短消息,也可查询接收到的安全相关短消息的数量、类型、日期、时间、目标船的MMSI等信息。

项目四 ＞＞＞

雷达操作与应用

习近平总书记在党的二十大报告中指出:"中国共产党的中心任务就是团结带领全国各族人民全面建成社会主义现代化强国、实现第二个百年奋斗目标,以中国式现代化全面推进中华民族伟大复兴。"随着社会主义现代化建设的进行,我国的雷达研发取得了举世瞩目的成就,例如,我国激光雷达和量子雷达技术达到世界先进水平。船载雷达的应用,为船舶航行安全提供了充足的保障。

任务一 雷达基本操作和设置

一、任务内容

(一)保持观测目标清晰的雷达操作方法

1. 雷达显示基本控钮及显示界面

不同厂商及型号的船载雷达设备,操作面板上的功能键、旋钮的布局和数量略有差别,其主要功能及用法大致相同。但船用雷达操作面板上的主要功能键、按钮、旋钮及其所对应的标准符号和含义,应符合国际海事组织和我国主管机关的相应标准要求。雷达操作面板如图 4-1 所示。

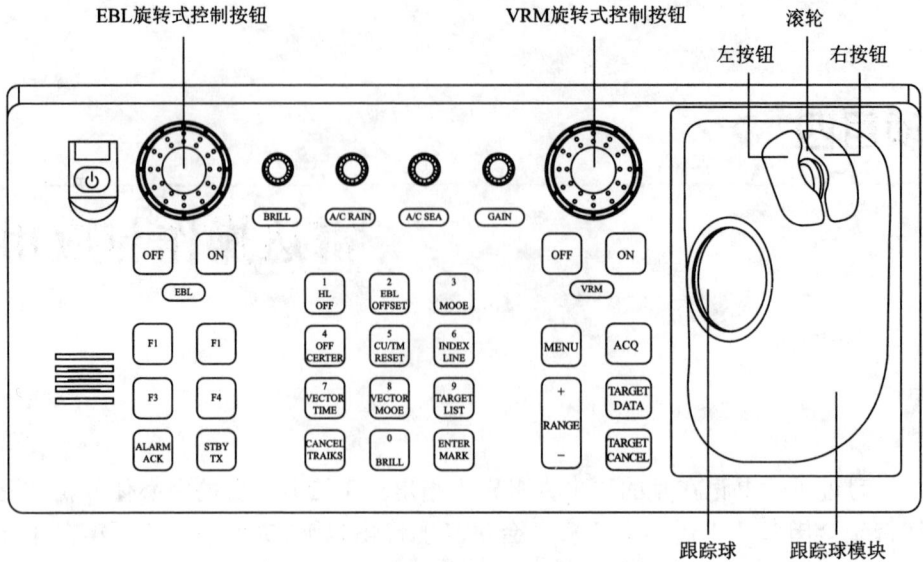

图 4-1 雷达操作面板

主要控钮及其说明如表 4-1 所示。

表 4-1 主要控钮及其说明

控制按钮	说明
Power	开启和关闭系统
EBL 和 VRM 旋转式控制按钮	分别调整 EBL 和 VRM
EBL On, EBL Off	分别开启和关闭 EBL
F1-F4	执行快捷分配的菜单
Alarm ACK	消除声音警报
STBY/TX	在待机和发射之间切换
Brill	调整显示亮度
A/Crain	抑制雨滴杂波
A/CSEA	抑制海浪杂波
Gain	调整雷达接收器的灵敏度
HL Off	按下时暂时清除艏线
EBL Offset	启用、禁用 EBL 偏移。在菜单操作中,在北南及东西之间切换极性
Mode	选择显示模式
Off Center	移动本船位置。
CU/TM Reset	将本船位置移动到船尾方向半径的 75% 处。在航向向上和真运动模式中,将艏线重置为 0°

续表

控制按钮	说明
Index Line	开启和关闭刻度线
Vector Time	选择向量时间(长度)
Vector Mode	选择向量模式,相对或真
Target List	显示 ARP 目标列表
Cancel	取消全部目标轨迹。在菜单操作中该控制按钮清除数据行
VRM On, VRM Off	分别开启和关闭 VRM
Menu	打开和关闭主菜单,关闭其他菜单
ACQ	操纵跟踪球选择目标后,探测 ARP 目标。操纵跟踪球选择目标后,将休眠中的 AIS 目标更改成激活的目标
Range	选择雷达距离
Target Data	显示使用跟踪球选择的 ARP 或 AIS 目标的目标数据
Target Cancel	取消跟踪使用跟踪球选择的 ARP、AIS 或参照目标

注:EBL 表示电子方位线。VRM 表示活动距标圈。ARP 表示方位参考脉冲。

雷达显示单元如图 4-2 所示。

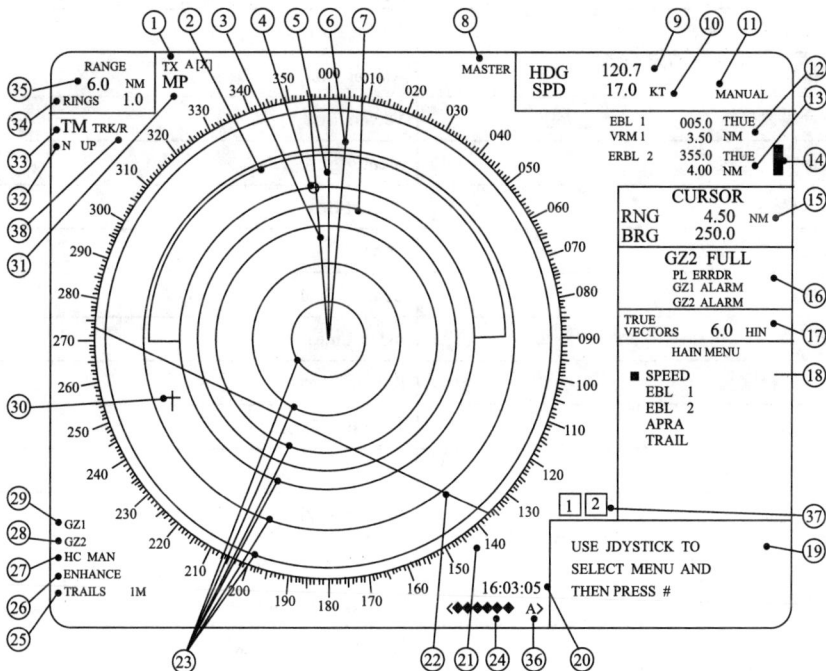

图 4-2　雷达显示单元

雷达显示单元中的功能及信息如表 4-2 所示。

表 4-2　雷达显示单元中的功能及信息

序号及名称	英文名称
1. 使用中的顶部单元	Transmitter Type In Use
2. 警戒圈	Guard Zone
3. 电子方位线	ERBL
4. 活动距标圈	VRM Indicator
5. 船首标	Heading Marker
6. 电子方位线 1	ERBL 1
7. 活动距标圈 1	VRM 1
8. 主分 / 显示	Slave/Master Indicator
9. 船首向	Ship's Heading
10. 船速	Ship's Speed
11. 船速输入类型	Speed Input Type
12. 电子方位线 1 和活动距标圈 1 度数	EBL 1/VRM 1/ERBL 1 Readout
13. 电子方位线 2 和活动距标圈 2 度数	EBL 2/VRM 2/ERBL 2 Readout
14. 电子方位线和活动距标圈指示符	EBL/VRM/ERBL Pointer
15. 光标位置	Cursor Position
16. 警报框	Alarms Box
17. 矢量线调整	Vectors Box
18. 菜单	Menu Box
19. 提示栏	Prompt Box
20. 时间	Time
21. 方位刻度	Bearing Scale
22. 指示线	Index Line
23. 固定距标圈	Range Rings
24. 调谐指示	Tune INdicator
25. 尾迹及其长度	Trails And Length
26. 展宽视频	Enhanced Video
27. 抗杂波手动 / 自动	AC Manual/Auto
28. 警戒圈使用提示 2	Guard Zone 2 In Use
29. 警戒圈使用提示 1	Guard Zone 1 In Use
30. 光标	Cursor
31. 脉冲宽度	Pulse Length

续表

序号及名称	英文名称
32. 显示方式	Stabilisation
33. 运动模式	Motion
34. 固定距标圈间距	Ring Separation
35. 探测距离	Range Scale
36. 自动频率控制	AFC/Manual Tuning

2. 雷达开机前准备工作

（1）雷达电源开关、发射开关应处于"关闭"的位置；除调谐外，将操作面板上的旋钮逆时针旋转到底，防止开关机时能量过大对磁控管产生损伤。

（2）检查天线周围有无人或障碍物，防止天线旋转伤到人或天线受障碍物阻挡而损坏马达。

（3）如空气湿冷，应接通船电，先给主机内各加热电阻通电加热后再开机。

3. 雷达开机、核实传感器数据并调整到最佳观测状态的操作

（1）打开 Power 键保护盖，按下 Power 键，开启雷达设备。接通电源后大约 30 s，屏幕上显示方位刻度及数字计时器。计时器将进行倒计时，让磁控管经过 3～5 min 充分预热。计时器倒计时为 0：00 时，雷达扫描区中央显示 STBY（待机），按下 STBY/TX 键雷达即可向外发射脉冲波。不用雷达时可将其设置为待机状态，以延长其使用寿命。

（2）雷达开机后，通过操作面板上的旋钮调整雷达显示至最佳观测状态，并核实雷达显示器上 GPS、AIS、罗经、计程仪、测深仪等传感器数据是否与原设备保持一致。

（3）根据气象、海况和航行环境，调整雷达至最佳显示状态。

（4）调节亮度旋钮，使屏幕亮度适合环境需要。

（5）调节增益旋钮，使扫描区噪声斑点似见非见。

（6）调节调谐旋钮（如需手动调谐），使物标回波清晰饱满。

（7）根据当时的海况和天气情况，适当调节海浪抑制和雨雪抑制旋钮（风浪大时将海浪抑制调大点，雨雪大时将雨雪抑制调大点，风平浪静时调到最低）。

（8）根据当时航区及交通密度选择适当的量程（在大洋中且周围船少时用 12 n mile 量程，在狭水道、渔区等交通繁忙区域用 6 n mile 或 3 n mile 量程，进出港口、靠泊码头时用 3 n mile 或更小的量程）。

（9）根据当时航行区域及交通密度选择适当的显示方式（正常航行、避让时用航向向上，进出码头时按照引水需要选择适当的显示方式，如真北向上）。

4.雷达关机操作

除调谐外,将所有旋钮反旋到底,关闭雷达,切断电源。

(二)准确测量目标位置的操作方法

方法一:用电子方位线测量物标方位,用活动距标圈测量物标的距离(电子方位线和活动距标圈要经过物标中心);得到方位、距离数据后,通过海图作业方式获取目标位置。

方法二:手动捕捉物标,读取相应数据。

二、任务训练

(一)实操题卡

雷达基本操作与设置(该部分如果不能通过,整个评估不及格)。

(1)保持观测目标清晰。

① 简述雷达开机步骤,正确开启雷达,核实传感器数据,并调整到最佳观测状态。

② 根据气象、海况和航行环境,调整雷达至最佳观测状态。

③ 简述关闭雷达的正确方法。

(2)准确测量目标位置。

① 准确测量目标距离。

② 准确测量目标方位。

(二)实操标准

按《中华人民共和国海船船员适任评估规范》要求,实操题(1)与(2)的实操标准如下。

实操题(1)的实操标准如下。

① 操作基本正确,回答问题基本正确,及格。

② 操作不正确,回答问题错误较多,不及格。

实操题(2)实操标准如下。

① 操作基本正确,回答问题基本正确,及格。

② 操作不正确,回答问题错误较多,不及格。

(三)实操题答案

实操题(1)① 答案:检查天线周围有无人或障碍物,防止天线旋转伤到人或者天线挂住障碍物而损坏马达;除调谐外,将控制面板上的旋钮反旋到底,防止雷达开机或关机时能量过大损伤磁控管;低压预热3~5 min,使磁控管充分预热;开启雷达。雷达开机后,通过操作面板上的旋钮调整雷达显示至最佳观测状态;核实雷达显示器上传感器数据(如GPS、AIS、罗经、计程仪、测深仪)是否与原设备显示一致。

实操题(1)②答案:调整屏幕亮度旋钮,使屏幕亮度适合当时环境需要;调节增益旋钮,使雷达屏幕上的噪声斑点似见非见;调节调谐旋钮,使物标回波饱满清晰(调谐调整一般由雷达自动调整完成);根据当时的海况和天气情况,适当调节海浪抑制和雨雪抑制旋钮(风浪大时将海浪抑制调大点,雨雪大时将雨雪抑制调大点,风平浪静时调到最低);根据当时航区及交通密度选择适当的量程(在大洋中且周围船少时用 12 n mile 量程,在狭水道、渔区等交通繁忙区域用 6 n mile 或 3 n mile 量程,进出港口、靠泊码头时用 3 n mile 或更小的量程);根据当时航行区域及交通密度选择适当的显示方式(正常航行、避让时用航向向上,进出码头时按照引水需要选择适当的显示方式,如真北向上)。

实操题(1)③答案:除调谐外,将所有旋钮反旋到底,关闭雷达,切断电源。

实操题(2)①②答案:准确测量目标距离和目标方位,可以通过两种方法实现。

方法一:用电子方位线测量物标方位,用活动距标圈测量物标的距离(电子方位线和活动距标圈要经过物标中心);得到方位、距离数据后,通过海图作业方式获取目标位置。

方法二:手动捕捉物标,读取相应数据。

任务二 雷达定位

一、任务内容

(一)雷达目标识别与定位目标的选择

选择定位物标的总原则,是选择物标回波稳定、明亮清晰、位置与海图上的位置精确对应、测量精度高的物标。可选用的物标是孤立的小岛、岩石、高而陡峭的岬角、突堤、雷达应答标等。尽量选择距离近、失真小的物标,选择船位线交角好的物标。

(二)雷达定位方法的选择

雷达定位方法如图 4-3 所示。

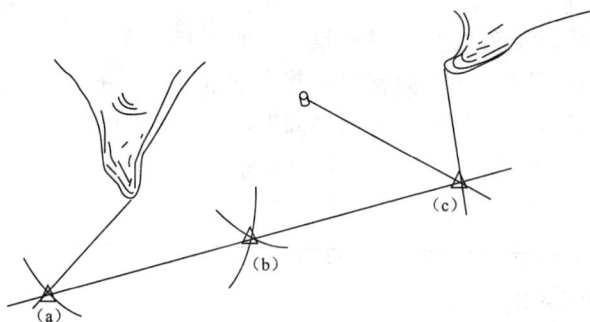

(a)单一物标距离方位定位;(b)两物标距离定位;(c)两物标方位定位。

图 4-3 雷达定位方法

（三）雷达定位目标测量方法与保证雷达定位精度的操作

1. 单一物标定位

在雷达屏幕上同时测量某一物标的方位和距离数据，借助于海图作业，得到船位，此时画出的船位圆与方位线的交点就是雷达船位。

2. 两物标定位

（1）两物标距离定位。

在雷达屏幕上测量两个物标的距离，借助于海图作业，得到船位，画图所得的两个船位圆的交点就是雷达船位。

（2）测量两物标方位定位。

在雷达屏幕上测量两个物标的方位，借助于海图作业，得到船位，画图所得的两条方位线的交点就是雷达船位。

为保证雷达的定位精度，选取物标时应尽量选用孤立小岛、岩石、岬角、孤立灯标、灯塔等物标，其回波特征是图像稳定、亮而清晰，回波位置应能与海图精确对应；尽量选用近而便于确认的可靠物标，不宜用远而容易搞错的物标；多物标定位时，应选用位置线交角好的物标，如两物标定位时位置线交角尽可能接近 90°，三物标定位时位置线交角尽可能接近 120°。

二、任务训练

（一）实操题卡

雷达定位。（15 分）

① 简述正确选择定位物标的原则。

② 简述雷达定位的方法。

③ 简述利用雷达定位的基本原则。

（二）实操标准

按《中华人民共和国海船船员适任评估规范》要求，雷达定位的实操标准如下。

① 操作正确，熟练，回答问题完整、准确。（15 分）

② 操作正确，比较熟练，回答问题基本准确。（12 分）

③ 操作正确，熟练程度一般，回答问题尚准确。（9 分）

④ 操作较差，回答问题错误较多。（6 分）

⑤ 操作差，回答问题基本不正确。（3 分）

⑥ 无法完成操作，不能回答出问题。（0 分）

（三）实操题答案

① 答案：尽量选用孤立小岛、岩石、岬角、孤立灯标、灯塔等物标，其回波特

征是图像稳定、亮而清晰,回波位置应能与海图精确对应;尽量选用近而便于确认的可靠物标,不宜用远而容易搞错的物标;多物标定位时,应选用符合位置线交角要求的物标(两物标定位时位置线交角尽可能接近90°,三物标定位时位置线交角尽可能接近120°)。

②答案:雷达定位的方法有单物标方位定位、单物标距离定位,两个或两个以上物标距离定位,两个或两个以上物标方位定位;多物标距离定位、多物标方位定位混合定位。

③答案:距离定位中,测量物标距离的顺序为先正横、后首尾(首尾距离变化快);方位定位中,测量物标方位的顺序为先首尾、后正横(正横方位变化快);距离定位中,三物标的精度高于两物标;近距离物标精度高于远距离定位精度;方位定位中,两条位置线定位时,位置线交角越接近90°越好;三位置线定位时,位置线交角越接近120°越好。

任务三 雷达导航

一、任务内容

(一)雷达平行线导航操作

当航经海域无合适的物标可供导航时,可使用雷达,借助航线左、右侧附近的物标进行平行线导航(图4-4)。结合海图,选取航线附近、孤立显著、雷达易于观测的物标,借助于航海分规在海图上量取该物标至计划航线的最短距离。调整北向上相对运动显示方式,调节活动距标圈半径为最短距离值,调整电子方位线方位与计划航线平行,且在所选物标同侧与活动距标圈相切。导航时,应使所选物标回波始终沿电子方位线移动,即可确保船舶沿着计划航线航行。

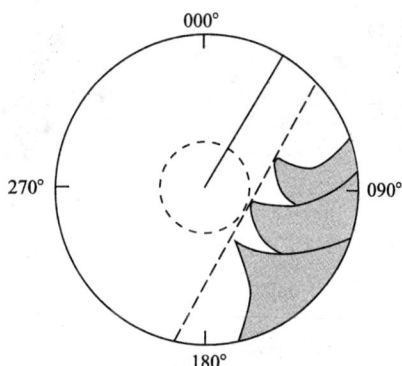

图4-4 平行线导航

（二）雷达距离避险线导航操作

雷达导航时，如找到两物标的距离差为零的等值线，则可将其作为导航叠标线，如图 4-5 所示。实际导航时，实时关注 A、B 物标的回波，使两个雷达回波图像始终保持在同一个活动距离圈上，即可保证船舶航行在推荐航线上。

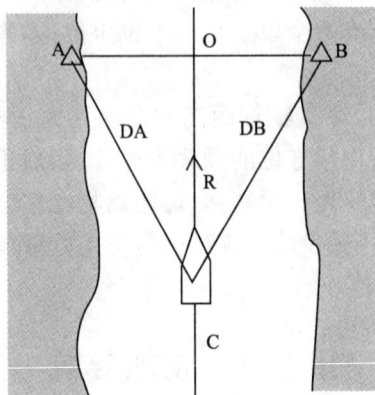

图 4-5　距离避险线导航

（三）雷达方位避险线导航操作

在航经危险物及浅水较多的海区时，为保证船舶航行安全，可选择合适的方位避险物标。为了避离航线附近某一侧的危险物，危险物与所选用的导航物标的连线平行或大致平行于船舶航线时，尽可能使用方位避险线导航方法（图4-6）。

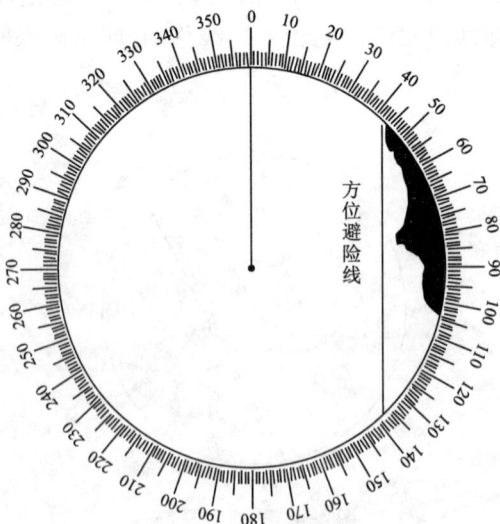

图 4-6　方位避险线导航

二、任务训练

（一）实操题卡

雷达导航，根据评估员指示，完成下列导航方法中的一种。（5 分）

① 完成雷达平行线导航操作。

② 完成雷达距离避险线导航操作。

③ 完成雷达方位避险线导航操作。

（二）实操标准

按《中华人民共和国海船船员适任评估规范》要求，雷达导航的实操标准如下。

① 操作正确，熟练，回答问题完整、准确。（5 分）

② 操作正确，比较熟练，回答问题基本准确。（4 分）

③ 操作正确，熟练程度一般，回答问题尚准确。（3 分）

④ 操作较差，回答问题错误较多。（2 分）

⑤ 操作差，回答问题基本不正确。（1 分）

⑥ 无法完成操作，不能回答出问题。（0 分）

（三）实操评分

根据操作者的具体操作及问题回答情况，进行具体判断。

任务四　雷达人工标绘

一、任务内容

雷达人工标绘就是在船载雷达相对运动屏幕上，关注所捕目标回波的运动，获取相关数据，继而在雷达反射式作图器上或专用标绘图上进行标绘，并通过作图计算求取目标的航向、航速、CPA 和 TCPA 等数据及本船应采取的避让行动数据。

人工标绘的前提条件是在标绘期间本船和目标船的航向、航速保持不变，即保向保速，否则标绘无法完成。

人工标绘原理：开启雷达，使其在相对运动模式工作，遵循"自始返航向终连"的作图标绘原则。

图 4-7 中：AC 延长线为目标的相对运动方向，即目标未来航线，此线到扫描中心（本船）的垂直距离为本船与目标的最近会遇距离。BC 延长线为目标的真运动方向。

求取避让措施的作图方法通常有"保速变向""保向变速"（其中包括"停车避让"）和"变向变速相结合"。在标绘时，可能同时存在多种避让措施，这些

措施都可保证船舶航行的安全。如何取舍,应根据避碰规则、船员的通常做法
与良好船艺具体而定,力争获取良好的避让效果。

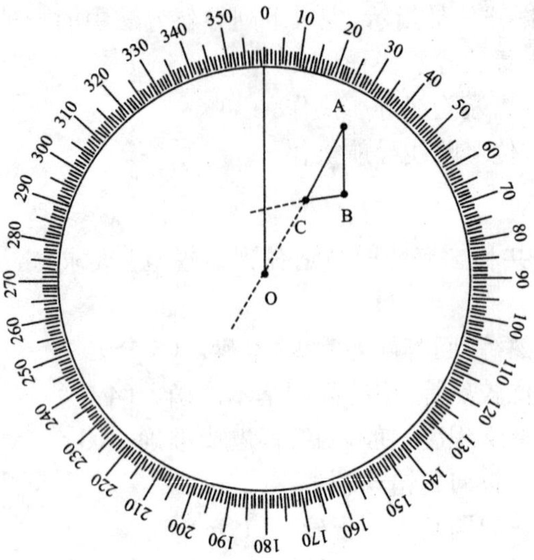

图 4-7 雷达人工标绘

(一)保速变向作图法

雾中航行,本船 TC 为 010°,航速为 12 kn,测得目标回波数据如下。

观测时间为 0100,回波 TB 为 050°,回波距离为 10′.0。观测时间为 0106,
回波 TB 为 050°,回波距离为 8′.5。观测时间为 0112,回波 TB 为 050°,回波距
离为 7′.0。

为使来船能以最小距离(DCPA)为 2′.0 安全通过,本船于 0118 时改驶何航
向?

作图,如图 4-8 所示。

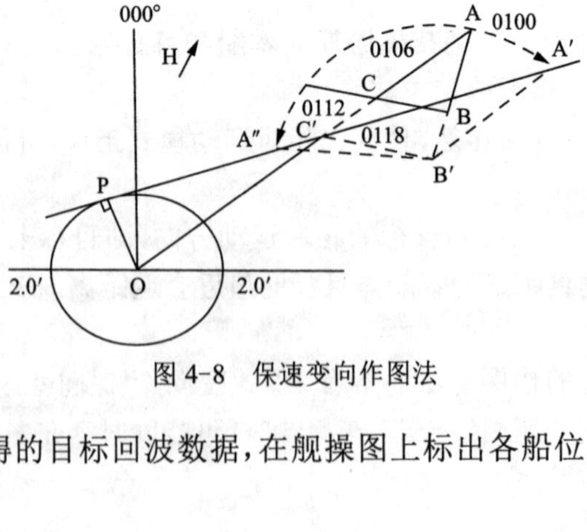

图 4-8 保速变向作图法

(1)根据测得的目标回波数据,在舰操图上标出各船位点,并计算目标船

的航向航速。

（2）在 AC 的延长线上确定 0118 时的避让点，记为 C′ 点。

（3）过 C′ 点作 2′.0 距离圈的切线。

（4）作 AB 的延长线。

（5）过 C′ 点作线段 BC 的平行线，与 AB 的延长线交于 B′ 点。

（6）以 B′ 点为圆心，B′A 为半径作圆弧，交切线于 A′、A″ 点，则 B′A′、B′A″ 都是本船的新航向。应用良好船艺，目标船位于本船正横以前，本船应大幅度向右转向，因此取 B′A′，即本船右转，以达到预定避让效果。在舰操图上经测量、计算求得新航向为 036°。

（二）保向变速作图法

雾中航行，本船 TC 为 010°，航速为 12 kn，测得目标回波数据如下。

观测时间为 0100，回波 TB 为 050°，回波距离为 10′.0。观测时间为 0106，回波 TB 为 050°，回波距离为 8′.5。观测时间为 0112，回波 TB 为 050°，回波距离为 7′.0。

为使目标船能以最小距离（DCPA）为 2′.0 安全通过，本船于 0118 时改用何航速？

作图，如图 4-9 所示。

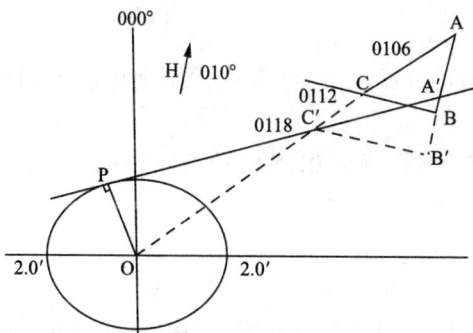

图 4-9　保向变速作图法

（1）根据测得的目标回波数据，在舰操图上画出各船位点，并求取目标船的航向、航速数据。

（2）在 AC 的延长线上确定 0118 时的避让点 C′ 点。

（3）过 C′ 点作 2′.0 距离圈的切线。

（4）作 AB 的延长线。

（5）过 C′ 点作 BC 的平行线，与 AB 的延长线交于 B′ 点。

（6）切线与 AB′ 交于 A′ 点。A′B′ 线段为本船改用的新航速在 18 min 内的航程，再除以时间即可得到预定的速度。在舰操图上经测量、计算得应驶的新航速为 6 kn。

（三）变速变向作图法

雾中航行，本船 TC 为 010°，航速为 12 kn，测得目标回波数据如下。

观测时间为 0100，回波 TB 为 050°，回波距离为 10′.0。观测时间为 0106，回波 TB 为 050°，回波距离为 8′.5。观测时间为 0112，回波 TB 为 050°，回波距离为 7′.0。

为使来船能以最小距离（DCPA）为 2′.0 安全通过，本船于 0118 时应改驶的航向、航速为多少？

作图，如图 4-10 所示。

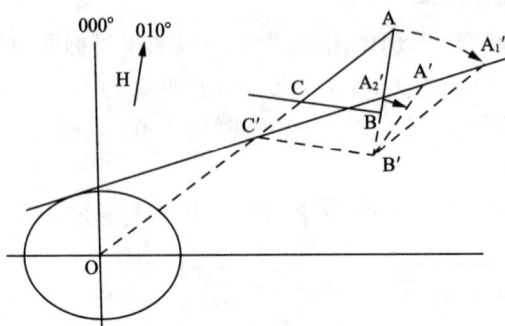

图 4-10 变速变向作图法

（1）根据测得的目标回波数据，在舰操图上标出各船位点，并计算求取目标船的航向、航速。

（2）在 AC 的延长线上确定 0118 时预定避让点 C′ 点。

（3）过 C′ 点作 2′.0 距离圈的切线。

（4）作 AB 的延长线。

（5）过 C′ 点作 BC 的平行线，与 AB 交于 B′ 点。

（6）设 A1′、A2′ 均为切线上的位置点，B′A1′ 为本船"保速变向"时避让时的新航向，B′A2′ 为本船"保向变速"避让时的新航向。

（7）在 A1′A2′ 线段上任取一点 A′，连接 B′A′ 即本船的避让新方案，即右转向的同时还应采取减速措施。此时目标船回波自 C′ 点沿切线方向运动，航向为 010°～036°，航速为 6 ～12 kn，可达到预定的避让效果。

二、任务训练

（一）实操题卡

雷达人工标绘。

本船雾中航行，航向 000°，航速 12 kn，雷达观测他船真方位及距离数据如下。

时间分别为 0800，0806，0812，真方位分别为 040°，040°，040°，距离分别为 11′，9′，7′。

① 0815 时，本船右转改向 60°，求本船改向后的最小距离。（5 分）

② 为使他船从本船左舷 2′.0 通过，本船应于何时恢复航向？（15 分）

（二）实操标准

按《中华人民共和国海船船员适任评估规范》要求，雷达人工标绘的实操标准如下。

① 操作正确，熟练，回答问题完整、准确。（20 分）

② 操作正确，比较熟练，回答问题基本准确。（16 分）

③ 操作正确，熟练程度一般，回答问题尚准确。（12 分）

④ 操作较差，回答问题错误较多。（8 分）

⑤ 操作差，回答问题基本不正确。（4 分）

⑥ 无法完成操作，不能回答出问题。（0 分）

（三）实操题答案

答案如下。

作图，如图 4-11 所示。

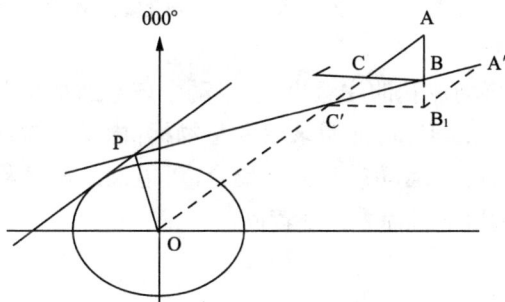

图 4-11　雷达人工标绘图解

（1）根据测得的目标回波数据，在舰操图上标出各船位点，画矢量三角形 ABC。

（2）在 AC 的延长线上确定 0815 时预定避让点，记为 C′ 点。

（3）过 C′ 作 BC 的平行线，交 AB 的延长线于 B′。

（4）以 B′ 点为圆心，B′A 为半径向右画出改向至 060° 的线，得 A′。

（5）连接 A′C′ 并延长，该线即为本船改向至 060° 时的相对运动线。

（6）过 O 点作 A′C′ 的垂线，量得 DCPA 为 2′.8。

（7）以 AC 的平行线作 2′.0 距离圈的切线，该切线与 A′C′ 的延长线交于一点 P，则 P 点即为本船恢复原航向时的时机点。

（8）根据在 A'C' 线上的相对运动速度求取回波自 C' 移动至 P 点所需的时间为 11 min，则 P 点位置时间为 0826。

打分标准：根据考生作图的规范性、准确性及问题回答的准确性进行具体判断。

任务五　雷达自动标绘

一、任务内容

（一）目标捕获

（1）雷达外部输入设备包括罗经、计程仪、GPS 和 AIS 等传感器，这些外部传感器提供的数据显示在雷达屏幕上或在调用时供驾驶员查询；将雷达显示的相关数据与相应仪器设备显示的数据进行比较，如果一致，说明正常；如果出现偏差，马上向船长报告。

（2）CPA LIM/TCPA LIM 的设置及设置准则：应对 CPA LIM（最近会遇距离极限值）/TCPA LIM（最近会遇时间极限值）根据当时的航行环境进行相应的调节，如果进入狭水道、渔区等交通繁忙区域，应将相关数据尽量设置得小一些，如果进入大洋中周围船只较少的区域，可以考虑将相关数据设置得大一些。

（3）人工捕获目标准则：优先录取船首、右舷、离本船近的物标，随时清除不再需要跟踪的物标。

（4）使用目标自动捕获的注意事项：自动录取会造成虚假录取，误将干扰、陆地或岛屿当作目标录取；可能漏录取弱小物标；由于目前优先录取的准则较简单，难以适应多目标且运动态势复杂场合，可能漏录取危险度较大的目标而造成危险局面；大风浪中目标丢失率较高。

（二）目标跟踪

雷达录取所得到的各个目标船初始位置数据是孤立、离散的，利用目标运动的相关性，连接捕获的新的点迹，成为各个目标船的航迹，并判断出各目标的运动规律，这就是目标跟踪。

（1）雷达目标丢失的原因：目标回波太弱；目标进入强干扰区；回波被干扰信号淹没；目标机动过大，目标大幅度转向或变速，致使目标回波跑出跟踪窗；雷达测量或 ARPA 跟踪出现特大误差。

（2）利用相对矢量线和真矢量线判断来船是否与我船存在碰撞危险：相对矢量显示模式中，目标相对矢量过本船（扫描屏幕中心）或与设定的 MIN CPA（最近会遇距离最小值）相交，来船与本船有碰撞危险；真矢量显示模式中，目标真矢量线与本船真矢量线的矢端重叠，说明该目标是危险目标，有碰撞危险。

（3）根据 CPA、TCPA 判断安全、非紧迫危险和紧迫危险目标，根据本船与目标船的航向航速判断会遇态势。

①　CPA 大于 MIN CPA 安全。

②　CPA 不大于 MIN CPA 且 TCPA 大于 MIN TCPA,非紧迫危险,有时间采取避碰措施。

③　CPA 不大于 MIN CPA 且 TCPA 不大于 MIN TCPA,紧迫危险。

④　会遇态势:对遇、交叉相遇、追越等。

(4)利用 PAD(预测危险区)模式判断与本船存在碰撞危险的物标

PAD 模式中,如果本船航向线过他船 PAD 菱形区,则说明有碰撞危险。

二、任务训练

(一)实操题卡

自动标绘。(45 分)

(1)目标捕获。(15 分)

①　简述 CPA LIM、TCPA LIM 设置及设置准则。核实雷达、罗经、计程仪、GPS 和 AIS 等传感器数据。(5 分)

②　简述人工捕获目标准则并实际操作。(5 分)

③　目标自动捕获:根据要求设置指定警戒区域,简述使用自动捕获的注意事项。(5 分)

(2)目标跟踪。(30 分)

①　正确解析目标跟踪数据。(5 分)

②　取消目标跟踪,简述目标丢失的原因与确认方法。(5 分)

③　利用相对矢量线和真矢量线判断来船是否与我船存在碰撞危险。(8 分)

④　根据 CPA、TCPA 判断安全、非紧迫危险和紧迫危险目标,根据本船与目标船的航向航速判断会遇态势。(7 分)

⑤　利用 PAD 模式判断与本船存在碰撞危险的物标。(5 分)

(二)实操标准

按《中华人民共和国海船船员适任评估规范》要求,实操题(1)与(2)的实操标准如下。

实操题(1)的实操标准如下。

①　操作正确,熟练,回答问题完整、准确。(15 分)

②　操作正确,比较熟练,回答问题基本准确。(12 分)

③　操作正确,熟练程度一般,回答问题尚准确。(9 分)

④　操作较差,回答问题错误较多。(6 分)

⑤　操作差,回答问题基本不正确。(3 分)

⑥　无法完成操作,不能回答出问题。(0 分)

实操题(2)的实操标准如下。

① 操作正确,熟练,回答问题完整、准确。(30分)

② 操作正确,比较熟练,回答问题基本准确。(24分)

③ 操作正确,熟练程度一般,回答问题尚准确。(18分)

④ 操作较差,回答问题错误较多。(12分)

⑤ 操作差,回答问题基本不正确。(6分)

⑥ 无法完成操作,不能回答出问题。(0分)

（三）实操题答案

实操题(1)①答案:将雷达显示的相关数据与相应仪器设备显示的数据进行比较,如果一致,说明正常;如果出现偏差,马上向船长报告;应对 CPA LIM/TCPA LIM 根据当时的航行环境进行相应的调节,如果进入狭水道、渔区等交通繁忙区域,应将相关数据尽量设置得小一些,如果进入大洋中周围船只较少的区域,可以考虑将相关数据设置得大一些。

实操题(1)②答案:优先录取船首、右舷、离本船近的物标,随时清除不再需要跟踪的物标。

实操题(1)③答案:自动录取会造成虚假录取,误将干扰、陆地或岛屿当作目标录取;可能漏录取弱小物标;由于目前优先录取的准则较简单,难以适应多目标且运动态势复杂场合,可能漏录取危险度较大的目标而造成危险局面;大风浪中目标丢失率较高。

实操题(2)①答案:根据跟踪目标的具体情况正确读取数据。

实操题(2)②答案:目标回波太弱;目标进入强干扰区:回波被干扰信号淹没;目标机动过大,目标大幅度转向或变速,致使目标回波跑出跟踪窗;雷达测量或 ARPA 跟踪出现特大误差。

实操题(2)③答案:相对矢量显示模式中,目标相对矢量过本船(扫描屏幕中心)或与设定的 MIN CPA 相交,目标与本船有碰撞危险;真矢量显示模式中,目标真矢量线与本船真矢量线的矢端重叠,说明该目标是危险目标,有碰撞危险。

实操题(2)④答案:CPA 大于 MIN CPA,安全,CPA 不大于 MIN CPA 且 TCPA 大于 MIN TCPA,非紧迫危险,有时间采取避碰措施;CPA 不大于 MIN CPA 且 TCPA 不大于 MIN TCPA,紧迫危险;会遇态势:对遇、交叉相遇、追越等。

实操题(2)⑤答案:PAD 模式中,如果本船航向线过他船 PAD 菱形区,则说明有碰撞危险。

任务六 AIS 报告目标

一、任务内容

（一）AIS 目标信息

雷达在一定的航行背景下，能够以图标、字母或数字的方式直观地显示 AIS 丰富的信息内容，而且雷达的屏幕尺寸大，能够显示多个目标的 AIS 信息，有助于驾驶员掌握全面的交通态势，对航行安全提供了有力保障。

1. 识别 AIS 报告目标

AIS 船台设备显示的目标类型有以下几方面。

（1）休眠目标：指未被激活的配有 AIS 的目标。

（2）活动目标：是指休眠目标被激活后的状态。

（3）已选目标：可以显示目标的详细信息，如 CPA/TCPA。

（4）危险目标：对目标的观测数据小于所设置的 CPA 和 DACPA 数值时，AIS 便将该目标定义为危险目标并发出危险报警。

（5）丢失目标：AIS 目标丢失时，在目标的最后显示位置处显示丢失目标并发出目标丢失的报警。

AIS 船载设备报告目标与雷达跟踪目标对比如表 4-3 所示。

表 4-3　AIS 船载设备报告目标与雷达跟踪目标对比

AIS 船载设备			雷达 ARPA	
类型	符号	说明	类型	符号
休眠目标		锐角等腰三角形，指向 HL 或 COG。位置在三角中心。符号小于激活目标	雷达目标	雷达回波
激活目标		图标显示，短虚线为 COG/SOG，实线为 HL，其末端折线为船舶转向	被跟踪目标	
被选目标		图标／字母数字显示目标详细数据，四角方框指示	被选目标	
危险目标		CPA/TCPA 小于设置值，红色粗线条显示，确认后停止闪烁	危险目标	
丢失目标		有十字交叉线（或被一直线交叉），不显示矢量、HL 和转向率。符号闪烁	丢失目标	
轮廓目标		小量程，根据目标船长、船宽和天线位置，显示实船轮廓	本船轮廓	

2. 获取 AIS 目标信息

AIS 报告目标提供了静态信息、动态信息、航次相关的信息和安全相关短消息。

静态信息,即在 AIS 安装后输入的信息,包括 MMSI、国际海事组织(IMO)编号、船名呼号、船长与船宽、船舶类型、天线在船上的定位位置等信息。

动态信息包括世界时间(UTC)、船位、COG、SOG、船首向、航行状态(手动输入)、回旋速度等信息。

航次相关的信息包括与本航次相关的船舶吃水、船载货物类型、目的地、预计到达时间(ETA)、可选择的航路图等信息。

安全相关短消息是与航行安全相关的短信息。

(二)雷达跟踪目标与 AIS 报告目标关联

1. AIS 辅助雷达避碰

基于卫星定位的 AIS 系统无须人工参与,通信链路不受气象、海况影响,从而不会因杂波干扰丢失弱小目标;AIS 信息传输具有一定的绕越障碍的能力,能够覆盖一般雷达探测不到的区域,且无近距离盲区;AIS 设备不存在处理延时,能近于实时反馈目标机动状态;当对目标船的运动状态有怀疑时,AIS 还可通过安全短消息与之即时沟通联系;AIS 无录取目标的限制,因而不会发生目标交换现象;AIS 发现远距离目标的能力强,若进入基站网络服务区,还可以实现海岸覆盖,甚至能够通过互联网实现广域或全球覆盖;此外,AIS 还提供了比雷达跟踪目标更丰富的静态、动态及航次相关等数据,为驾驶员掌握目标船的动态,判断目标船的特性提供参考,进一步辅助雷达避碰。

2. 雷达跟踪目标与 AIS 报告目标关联

雷达将分别来自雷达传感器和 AIS 传感器关于目标的位置、航向、航速等精度离散的信息,在由时间和位置决定的静态空间以及由航向和航速决定的动态空间中,依据一定的准则进行优化处理、充分利用和合理支配,使两者的信息优势互补,根据驾驶员的要求输出一致的最佳航行信息,称为雷达跟踪目标与 AIS 报告目标关联。

雷达跟踪目标与 AIS 报告目标关联是复杂的航海信息的处理过程,涉及设备的硬件部分及软件系统,厂家与雷达设备的型号不同,处理方法也不同,经常会出现关联上的问题。

二、任务训练

(一)实操题卡

获取 AIS 报告目标。

(1)AIS 目标信息。(5 分)

① 识别 AIS 目标状态(休眠、激活、选定、危险、丢失、轮廓等)。(3 分)

② 获取 AIS 目标信息:船名、呼号、距离、方位、对地航向、对地航速、最近会遇距离、最近会遇时间等。(2 分)

（2）雷达跟踪目标与 AIS 报告目标关联。（5分）

① 完成 AIS 辅助雷达避碰操作。（3分）

② 完成雷达跟踪目标与 AIS 报告目标关联设置，选择关联优先权。（2分）

（二）实操标准

按《中华人民共和国海船船员适任评估规范》要求，实操题（1）与（2）的实操标准如下。

① 操作正确，熟练，回答问题完整、准确。（5分）

② 操作正确，比较熟练，回答问题基本准确。（4分）

③ 操作正确，熟练程度一般，回答问题尚准确。（3分）

④ 操作较差，回答问题错误较多。（2分）

⑤ 操作差，回答问题基本不正确。（1分）

⑥ 无法完成操作，不能回答出问题。（0分）

（三）实操评分

根据考生操作的规范性、准确性及回答问题的准确性等情况，具体判断。

任务七　试操船

一、任务内容

（一）启动试操船的准备

1. 试操船的定义

利用计算机对雷达捕获的目标进行模拟避让，根据模拟结果来检验避让效果的过程，称为试操船。

2. 试操船的作用

求取本船的避让措施及应改驶的航向、航速等数据。

3. 试操船的准备工作

提前 3 min 捕获相关目标，选择试操船期间要关注的目标。

（二）试操船操作并获得有效的避碰方案及恢复时机

（1）开启 ARPA（雷达），处于"试操船"功能时，屏幕下方会出现大写英文字母"T"并闪烁。矢量型 ARPA 试操船界面如图 4-12 所示。

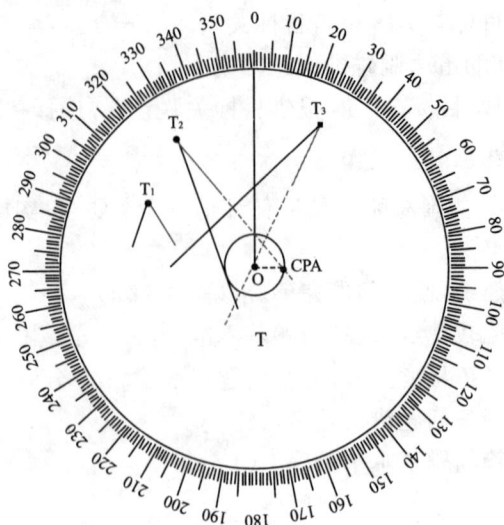

图 4-12　矢量型 ARPA 试操船

（2）设置采取避让措施时的 TCPA 值。

（3）设定 CPA 值。

（4）进行保速转向或保向变速或变速变向的试操船操作。

（5）使所有避让目标的 CPA 和 TCPA 大于预先设定的 CPA LIM 和 TCPA LIM。

（6）让所避让目标的相对矢量线从以 CPA 数值为半径的圆之外通过。

（7）对 PAD 型 ARPA 试操作时，要求本船船首线避开所有目标船的 PAD。

（三）试操船时的注意事项

（1）试操船时间一般不超过 1 min，不能太长，以免影响最佳避让时机。

（2）试操船只对被跟踪目标求取避让措施，无法对没被捕获跟踪的目标进行试操船操作。

（3）试操船时的 ARPA 显示的局面，是模拟的会遇局面，切不可把试操船时的避让局面当成当前海面的真实局面。

（4）试操船的避让措施只做参考，因为目标可能会有变化。

（5）当本船或目标机动时，无法实现试操船功能。

二、任务训练

（一）实操题卡

试操船。（5分）

① 启动试操船：提前捕获近距离相关目标，选择试操船期间关注目标。

② 试操船操作：利用试操船获得有效避碰方案（保向变速、保速变向、变向

变速）。

③ 利用试操船确定恢复原航向和 / 或航速的时机。

（二）实操标准

按《中华人民共和国海船船员适任评估规范》要求，试操船的实操标准如下。

① 操作正确，熟练，回答问题完整、准确。（5分）

② 操作正确，比较熟练，回答问题基本准确。（4分）

③ 操作正确，熟练程度一般，回答问题尚准确。（3分）

④ 操作较差，回答问题错误较多。（2分）

⑤ 操作差，回答问题基本不正确。（1分）

⑥ 无法完成操作，不能回答出问题。（0分）

（三）实操评分

根据操作者操作的正确性、熟练程度及回答问题的准确性，具体判断。

船舶操纵、避碰与驾驶台资源管理操作与应用

习近平总书记在党的二十大报告中指出：坚持全面依法治国，推进法治中国建设。船舶在海上航行要遵守相应的海事法规，如《国际海上避碰规则》《国际防止船舶造成污染公约》《中华人民共和国海上交通法》。

任务一 避碰规则应用和意图全面知识

一、互见中的避碰应用

（一）追越局面的识别与行动

《1972年国际海上避碰规则》中"船舶在互见中的行的规则"的内容如下。

（1）不论第二章第一节和第二节的各条规定如何，任何船舶在追越任何他船时，均应给被追越船让路。

（2）一船正从他船正横后大于22.5°的某一方向赶上他船时，即该船在夜间只能看见被追越船的尾灯而不能看见它的任一舷灯时，应认为是在追越中。

（3）当一船对其是否在追越他船有任何怀疑时，该船应假定是在追越，并应采取相应行动。

（4）随后两船间方位有任何改变，都不应把追越船作为本规则条款含义中所指的交叉相遇船，或者免除其让开被追越船的责任，直到最后驶过让清。

（二）对遇局面的识别与行动

《1972年国际海上避碰规则》中关于船舶对遇局面的内容如下。

（1）当两艘机动船在相反的或接近相反的航向上相遇致构成碰撞危险时，应各向右转向，从而从他船的左舷驶过。

（2）当一船看见他船在正前方或接近正前方，并且在夜间能看见他船的

前、后桅灯成一条直线或接近一条直线和(或)两盏舷灯;在白天能看到他船的上述相应形态时,则应认为存在这样的局面。

(3)当一船对是否存在这样的局面有任何怀疑时,该船应假定确实存在这种局面,并应采取相应行动。

(三)交叉相遇局面的识别与行动

《1972 年国际海上避碰规则》中关于交叉相遇局面的内容如下:当两艘机动船交叉相遇致构成碰撞危险时,有他船在本船右舷的船舶应给他船让路,如当时环境许可,还应避免横越他船的前方。

二、能见度不良时的避碰应用

船长和驾驶员应当结合船舶性能,对危险且多雾的航区水道、潮流及特点悉心研究,将研究结果作为雾中航行的参考。

(1)船长和驾驶员应当对下列航行仪器的校验工作特别注意,保证在雾中能够正确使用它们。

第一,对罗经、计程仪、无线电测向仪、回声测深仪、雷达,须经各种方法校验求出误差。

第二,对机械测深仪、手锤、汽笛和汽笛牵索,须仔细检查并且保持正常状态。船长应当督促驾驶员和轮机员经常检查船上排水设备和水密设备,使其保持良好状态。

(2)船舶遇雾、雹、雪、暴风雨或者任何其他限制(以下简称雾)除应遵守本规则外,还应遵守海上避碰章程的规定,以及海港港章的有关规定。装有雷达的船舶对于海上避碰章程有关缓速的规定不可以忽视。

(3)当值驾驶员在雾袭到以前,应当抓紧时机,利用航行仪器测定船位。

当值驾驶员在雾袭到的时候,应当立即采取下列措施,并且向船长报告。

第一,摇预备车,适当减慢速度并且将遇雾情况通知当值轮机员。

第二,发放雾号。

第三,派遣水手到船道瞭望,如果风浪过大,不能在船首瞭望,可以派他在驾驶台瞭望,

第四,根据情况,下令关闭全部或者部分水密门。

第五,准备各类救生设备,以便随时使用,并准备至少一艘救生艇,使其处于立即下放的状态。

(4)船长获悉雾袭后,必须立即到驾驶台亲自指挥。当值驾驶员将船位、四周环境和已采取的措施告知船长。船长应当研究已采取的措施并应特别注意现行船速是否确当。

(5)不论船速是多少,当值轮机员应当使锅炉保持全部压力,以便在紧急

情况下,能全速倒车。

保持全船寂静,严禁喧哗,以免扰乱驾驶人员的听觉。

在本船发放雾号的时候,听到他船的雾号,不应猝然中止,应当继续发放,以免他船产生误会,但是再发雾号,应当避免同他船雾号声音重叠。

听到他船雾号在本船正横之前,应当立即停车,如有必要,可以使用短时间的倒车,使本船很快停止前进,然后仔细辨明他船航向;在未辨明前,本船不应盲目转向避让或者前进。

在有交叉航线地段,听到他船雾号的时候,应当特别注意。

雾中航行达到转向点,必须进行数次测深,查看水深、底质,对船位有一定把握后,再转向。对无线电测向仪或者雷达测定的转向点,也应当进行测深与核对。

雾中在岸边、岛屿、港口或者狭窄航道附近航行的时候,应当加密测深,注意潮流的作用和雾号的回声,准备双锚,缓速前进。如果对船位有疑问,切勿盲目航行。在条件许可的情况下,应当立即下锚,或者转向相反航向,缓速行驶,以待视线转清。

三、特殊水域的避碰应用

(一)狭水道的航行与避碰

狭水道是指相对水深或水道相对宽度较小,因而给通过该水域的船舶的操纵带来各种影响的水域,如港区、江河、运河、锚地、岛礁区、雷区及狭窄海峡。

狭水道内,航道狭窄弯曲,水浅滩多甚至还有暗礁、沉船或渔栅等障碍物,水文气象条件多变,船舶交通密集。为确保狭水道内航行安全,必须经常研究和掌握该水道的地理特点及水文气象条件,加强瞭望并谨慎驾驶,避免发生碰撞和触浅等事故。

1. 狭水道的探船要点

第一,进行全面的水道调查应按照大比例尺海图、航路指南,结合潮汐表、气象资料以及船员的实际操纵经验。一般应在过狭水道之前完成。其要求如下。

掌握狭水道水域附近的地形地貌,包括两岸山形、岛屿、岬角、岸滩、弯头角度、居间障碍以及航行障碍物等。

掌握狭水道内可航水域的水文情况,包括水流、流向、水深、可航宽度、最大可偏航距离,以及潮汐、潮流甚至洪峰等。

掌握狭水道助航标志系统。不但应准确识别并判明其意义,而且熟记其号码和配布,包括其间的距离和驶至各航标的大致时间等;不但要掌握航标系统,而且对必记的岸形也应熟悉。

掌握狭水道附近的风浪等自然情况,并配以适当风压差。

掌握狭水道内的船舶交通状况,包括狭水道内航行船舶和锚地船舶的动态等。必须牢记海上交通安全法、分道通航制的适用水域及有关航道、航速等方面的特殊规定,并能正确解释和运用。

第二,行驶在计划航线上。

实现这一点需要采用正确的避险方法和导航方法。

为了随时查验本船是否驶在计划航线上,可采用的导航方法有浮标导航、岸标导航(如用人工叠标、自然叠标)和单标方位导航等。

为防止船舶相对于计划航线偏离过远而发生危险,可用物标方位线避险法、距离圈避险法等。

第三,准确掌握转向点。

准确地转到新航向需要根据船舶的航速 v_s、追随性指数(T)、操舵时间($t1$)、旋回性指数(K)、舵角(δ)及转向角度(ψ)求出新航向距离后,在提前施舵点进行转向。

实践中,应根据船舶所受风、流情况,正确选择转向依据和转向时的船位,按所处的地理环境和弯势等适当用车用舵,使船驶于新的航线上。

2. 狭水道中操船时的注意事项

随时确认船位,注意是否偏离航线。大风浪、急流中的航道浮标有移位的可能,用来导航时应多方参照而不可盲目相信。

根据情况需要适时备车、备锚,必要时需不间断测深。

浅水域航行时估计船舶富余水深不足时,最好应选满潮时通过,必要时应降速航行以减少首倾。应尽量避免在该类水域追越他船,以免因海底不平或倾斜产生较大偏航,操舵时应尽量做到充分预防。

通过潮流比较强的水道应选择在平流时,此时视界良好、交通量较少,不会陷入被动局面。

距岸较近高速行驶,船行波将引发沿岸系泊船的激烈摇摆运动,有时导致系泊船船体受损或缆绳绷断。因此,在可能发生此类情况的狭水道中必须减速通过。

夜间或雾中驶于狭水道时,因视界较差往往兼用雷达进行瞭望。尽管在狭水道内用 ARPA 协助瞭望可得到有关碰撞危险的信息,但仍应在确认附近的实际情况之后才可进行避让操纵。

(二)分道通航制区域的航行与避碰

分道通航制是指用分隔线、分隔带等方法,把依相反或接近相反方向行驶的航行船舶分隔开的一种制度。分道通航制的实施已改善水上交通秩序,避免碰撞事故发生。分道通航制适用于狭水道、沿岸海域、江河、港口附近等通航密度较大的海区,世界上许多通航稠密的海区建立了分道通航制区域,部分已被 IMO 所采纳。

在被 IMO 所采纳的分道通航制区域内航行，必须遵守《国际海上避碰规则》第十条和有关的地方规定；在尚未被 IMO 所采纳的分道通航制区域内，也应遵守其主管机关对分道通航制区域所作的具体规定。

1. 在分道通航制和交通管制及其附近水域操纵船舶的注意事项

（1）及时收听和改正航海通告，研究、查核最新海图，特别注意水深、浮标的变动情况，熟悉分道通航制和交管及其附近水域的各种情况。

（2）备车航行，以便随时控制航速，根据情况加派了头。

（3）检查船舶操舵系统、声光信号设备、助航仪器是否正常，以确保安全。

（4）严格遵守分道通航制和交通管制等航行规定。

（5）近岸航行应减速，防止浪损。

（6）确认船位，走规定的通航分道。尤其在横流地段，更应经常观察前、后方物标，及早发觉偏航并纠正。

（7）大风浪常造成浮标移位、漂失或灯光失常、熄灭。故航行中对浮标不应盲目信赖。可利用前、后浮标之间的方位及本船的航向或其他浮标、陆标进行定位核对。

（8）通过每一个浮标时均要进行核对，记下其名称与正横时刻，以防认错或遗漏，根据前一个浮标与当前位置的距离和航速推算到达下一个浮标所需的航行时间。同时根据船与浮标之间的横距来确定下一个航向，或者采用推迟或提早转向的办法，使船舶驶在预定航线上。转向后还必须核对下一个浮标的相对方位或舷角以防认错。

（9）应选视线良好、平流、交通较疏时刻通过涨落流较强的区域，航行中应掌握流向、流速及其变化，正确配以流压差。

（10）夜航或能见度不良时应加强瞭望并开启雷达或 ARPA，避让时仍需再次确认水面环境和情况。

（11）驶于浅水区域应连续测深，保证水深足够富余并选高潮时通过，应减速航行，向浅水侧施舵，制止船首向深水侧偏转。

（12）航行中转向或变速后应核对舵角指示器、车钟、转速表，防止船的动态与发令效果不符。

2. 在分道通航制区域、交通管制水域及其附近水域中的操纵要点

（1）航线标绘要顺着船舶的总流向，以取分道的中线为宜。

通航分道往往比较狭窄，加之船多拥挤，受到风浪影响，需要避让他船，因此不能使船舶始终走在预定的计划航线上，于是需要经常地定位和修正偏差，而航线标绘宜取通航分道中线。切忌为图省事和方便，在分道内有几个变动航向的情况下，往任意一个直线方向；或在分道内确定转向点、从端外区域驶进和向端外区域驶出时，不考虑和船舶总流向的角度问题。在遇到追越他船、避让、

转向等情况时,尤其在狭窄和浅点多的区域(如马六甲海峡的一处拓浅滩)就难有足够的回旋余地。

（2）认真瞭望、观测,注意连续定位。

分道通航制区域内船多拥挤,船速快慢不一,受风、流影响明显,值班驾驶员要认真瞭望和观测,连续定位,随时掌握本船的准确船位和他船动态,熟悉和了解分道通航制区域内明显的、重要的定位航标,正确处理避让和定位的关系,切忌偏重定位而疏忽避让。在夜间,由于存在灯光的反向散射和岸边背景亮光的影响,能见度较差,对船舶的动态的判定和距离的估计都可能有误差,更需要驾驶员保持正规的瞭望和观测,以便及早采取对策,避免险情出现。

（3）在转向、交叉警戒区内要小心谨慎,并采用安全航速。

分道通航制区域内根据需要会设立交叉警戒区,当接近转向点和航经这些区域时,应特别谨慎和小心,除应弄清他船的动态和意图外,还要采用安全航速行驶。切不可自以为船速快,就盲目穿越两船中间区域,要充分考虑到可能出现的意外情况,视需要和实际情况采用灵活措施,如提前和推迟转向时间,以不使本船和他船构成紧迫局面。切忌机械地按海图标示点转向,或在刚追越过他船船头时即改向,应按避碰规则的要求做到驶过、让清,并考虑他船在航行操作上的困难。

（4）及时用甚高频通信(VHF)沟通联系,协同避让。

在分道通航制区域内航行,因船密集和有可航水域的限制,往往会形成你追我赶、各不相让的局面,尤其是在转向点附近、狭窄地段和分道交叉区城,有时会出现几艘船齐头并进的情况,由于相互间距离太近、相对位置变化和操舵不稳等,极易形成紧张和危险的局面。应及时运用标准航海用语,及时和他船沟通联系,做到互相配合、协同避让。

任务二 驾驶台资源管理

一、计划

（一）计划的定义

计划是事先制定的为做某事或制作某物的一些详细的方法。合理的计划可以确保组织按照行为的需要分配资源,组织成员按照规定的程序开展自己的工作,监测工作进程是否达到组织目标,以便在未能达到上述要求时及时采取改进措施。

从时间角度而言,计划可分为短期计划和长期计划。对未来事件预测的时间越长,预测出错误的可能性也就越大。因此,长期计划很少像战术计划那样被用于确定如何分配组织资源来帮助组织实现战略目标,而是通常被作为战略计划来确定整个组织的主要远景目标以及促进这些远景目标实现所需的方针。另外一种常见的分类方式是将计划分为单项计划和标准计划。前者被用于规范通常不会以相同方式重复出现的行为,如财务预算;而后者则被用于组织行为反复出现的情况,因为它能用一个或一系列单项决策指导所有重复的行为。标准计划的常见形式是方针、程序和规章制度。

计划可以使工作有明确的目标和具体的步骤,可以协调大家的行动,增强工作的主动性,减少盲目性,使工作有条不紊地进行。计划本身又是对工作进度和质量的考核标准,对大家有较强的约束和督促作用。所以计划对工作既有指导作用,又有推动作用。

（二）计划的特点

1. 预见性

这是计划明显的特点之一。计划不是对已经形成的事实和状况的描述,而是在行动之前对行动的任务、目标、方法、措施的预见性确认。但这种预见不是盲目的、空想的,而是以上级部门的规定和指示为指导,以本单位的实际条件为基础,以过去的成绩和问题为依据,科学预测今后的发展趋势之后作出的。可以说,预见是否准确,决定了计划的成败。

2. 针对性

计划,一是根据党和国家的方针政策、上级部门的工作安排和指示精神而定,二是针对本单位工作的主要客观条件和相应能力而定。总之,从实际出发制订出来的计划,才是有意义、有价值的计划。

3. 可行性

可行性是和预见性、针对性紧密联系在一起的,预见准确、针对性强的计划,在现实中才真正可行。如果目标定得过高,无力实施,这个计划就是空中楼阁;目标定得过低,措施、方法都没有创见性,虽然实现目标很容易,但是并不能取得太大成就,那也算不上有可行性。

4. 约束性

计划一经通过、批准和认定,在其所指向的范围内就具有了约束作用,在这一范围内无论是集体还是个人都必须按计划的内容开展工作和活动,不得违背和拖延。

（三）计划的制订

计划的基本过程可分为四个阶段:确立远景目标、分析当前形势、分析影响远景目标实现的有利和不利因素以及制订实现目标的计划。

1. 确立远景目标

远景目标为组织的行为规定了基本方向。

组织的目的是在其行为过程中由社会为其划定的基本目标。

组织的任务是指能使其与同类组织区分开来的主要的和特有的工作。组织的目标是指为完成任务所必须达到的各种指标。组织的战略是达到组织目标和完成组织任务的基本规划。

以驾驶台团队为例：团队的目的是保证船舶安全和高效营运，而它的任务是按照计划航线操纵船舶。航线上的每一段都有各自应达到的目标，包括既定航速、最大许可偏航距离和预计到达转向点的时间等，为保证团队实现上述目标，还应制定相应的战略，考虑开行前应该搜集哪些信息，应使用哪种定位方式，怎样改善船舶的操纵性能。

2. 分析当前形势

这部分内容包括确定个体目标与远景目标之间的差距、分析为实现远景目标应准备的资源以及妨碍目标实现的自身局限性。管理者需要搜集各种数据来分析当前形势，没有这些数据，规划也就无从谈起。这也是管理者需要保持所有沟通渠道畅通的主要原因。如果必要，他们还应该建立正式的信息系统来搜集相关的数据。任何目标不可能是空中楼阁，未来发展方向一旦确定，管理者就应该从组织或其下级单位的角度去分析的当前局势。

以一艘计划抵港的巴拿马型满载散货船为例：该轮最大操纵速度是 12 kn，其位置距离引航站 60 n mile。它几乎没有可能在 5 h 内抵达引航站，因为船舶的航速通常会由于浅水效应的影响而下降。除此之外，船舶还需要主动降低主机转速，使航速降低至满足引航员安全登轮要求的程度（比如 5 kn）。因此，在确定预计抵达引航站时间时，至少需要增加 0.5 h，增加 1 h 更切合实际。

在规划过程中将前面两个阶段机械地分开是很困难的，因为在确定远景目标后还可能根据环境的改变而调整。

3. 分析远景目标实现的有利和不利因素

管理者一旦确定了自己的远景目标，就必须确定环境中哪些因素有助于组织实现其远景目标，哪些因素起妨碍作用，还要预测未来可能出现的因素及当前因素在未来可能发生的变化。

通常，组织的财政、设备和人力资源是管理的主要辅助因素，这些组织资源匮乏将成为组织实现其远景目标的障碍。有时，这些实现远景目标的障碍存在于组织内部，但多数情况是这种障碍存在于组织之外。

相对而言，确定已存在的与实现远景目标相关的有利因素和不利因素较为容易，预测未来可能出现的相关因素则是艰巨的任务。从规划的定义上看，它和未来有密切关系，如果规划不考虑未来的情况，那么制定出的计划也就没有实际意义。从这个角度而言，预测在规划过程中起到举足轻重的作用。

影响船舶运动的因素很多，包括风、流、水域的深度和宽度、能见度及通航密度等。在制订航行计划时，应该充分考虑所有因素，包括其未来的可能变化。以潮汐为例，潮汐的影响随着时间、位置、船舶的航速和航向甚至风向和风力的变化而变化。在船长和引航员看来，准确预报潮汐的影响几乎是不可能的事，他们所能做到的是在安全范围内消除上述影响。

4. 制订实现目标的计划

计划工作的最后一步是制订若干种实现既定远景目标的方案，通过对这些方案的评估和筛选，最后确定一个能实现目标的最佳方案。如果原有计划已经引领组织去实现其既定远景目标，则管理者通常应仔细观察计划的进展情况，随时准备在出现特殊情况时采取应变措施。但绝大部分情况下，他们将重新制订计划，因为当前的环境和条件已经不能适应远景目标的变化。在新的计划中通常包括下列元素：到达目标所需要的主要措施、个人和组织在上述措施的职责、上述措施开始实施和预计完成的时间。

（四）船舶计划

船舶计划包括航行计划、船舶应急计划、偶发事件计划、船舶维护保养计划、船上船员培训计划等。船舶航行计划（从一个引航站到另一个引航站）也称航次计划，是指船舶在航行前，根据起始港到目的港的路程、所经海域、航道、沿途天气状况、航路指南和航行警告灯信息制定最适航路；船舶应急计划是为了保证航行安全，船舶遇到事故、进入或临近进入紧急状态时所采取的应对措施；船舶维护保养计划是指为了船舶正常航行、装货与卸货，对船舶设备进行定期的维护保养行为；船员培训计划是对在船实习生和新到船的交接船员进行船舶设备使用的说明和航海经验的讲解。下面以航行计划为例，介绍计划的准备、制订。

1. 航行计划的准备

准备图书资料：航用海图（总图、航行图、港湾图）以及参考图（罗兰海图、航路设计图、大圆海图、空白图），世界大洋航路图，航路设计图和引航图，航路指南，灯标和雾号表，航标表，潮汐表，潮流表，船舶定线，航海图书，无线电信号表，气候资料，载重线图，电子导航系统手册，无线电和区域性航行警告，船舶吃水资料，航海通告，航海通告年度摘要，进港指南，世界港口资料，航海天文历，天体高度方位表，航海员手册，海里表，港口里程表，国际信号规则，船东和其他资料。

船长在清楚本次航行计划是短途沿岸还是远洋长航线后，考虑到气象条件和洋流的影响、船东和承租人的要求，亲自制订计划并责成一名驾驶员（通常为二副）来设计航线，船长对航行计划负全责。

2. 航行计划的制订

制订航行计划所考虑因素有航行环境、航线附近海图资料的充分性和可靠性、助航设施(包括沿线可供船舶定位的陆标、灯塔和显著物标)的可用性和有效性、由船舶自身造成的对航线的限制(如吃水和货物的积载)、密集通航区、天气预报和对流、潮汐、风、涌浪和能见度的情况的估计、向岸流可能发生的水域、需额外水域的船舶操作(洗舱或引航员登轮)、船舶定线制度和报告制度的各种规定、船舶推进系统和操舵系统的可能性。

3.制订航行计划的注意事项

无论航行计划设计得多么周密,还是有可能由于环境变化,而不得不放弃原来的航行计划。

(1)中断计划。

中断计划包括以下几方面。

① 偏离进港航线。

② 主机失灵或故障。

③ 仪器失灵或故障。

④ 无可用拖轮或泊位。

⑤ 沿岸或港口有危险情况。

⑥ 存在任何表明不能安全航行的情形。

⑦ 存在其他偶发事件。

(2)制订应急计划。

船舶在中断航行计划后,应采取应急行动。在计划阶段就应作出应急计划并清楚地标示在海图上。应急计划应包括可选择的航线、安全锚地、等待区域、应急泊位。

应急行动可能使船舶进入吃水受限区域,船速必须降低,或由于潮汐的限制,船舶仅可进入高潮可航水域。必须清晰地标绘出这些限制。

二、组织

(一)组织的定义

组织是指管理者对组织内部人力和物力资源的协调。组织的突出表现是合理调配大量资源进而达到其目标。显然,组织的工作越是统一协调,效率也就越高,这种协调是社会管理工作中的重要部分。

(二)组织的分类

(1)按人数多少可把组织分为小型、中型和大型组织。

(2)按组织的目标可把组织分为互益组织(如俱乐部,政党),工商组织(如工厂、商店、银行),服务组织(如医院、学校、社会机构),公益组织(如政府机构、消防队)。

(3)以满足心理需求分类,可分为正式组织和非正式组织。驾驶台资源管理所涉及的组织一般是指正式组织。在正式组织中,其成员保持着形式上的协作关系,以完成企业目标为行动的出发点和落脚点。非正式组织是在共同的工作中自发产生的,具有共同情感的团体。非正式组织形成的原因很多,有工作关系、兴趣爱好、血缘关系等。非正式组织常出于某些情感的要求而采取共同的行动。

(三)组织机构的形式

1. 直线式

特点:一切管理工作均由管理者直接指挥和开展,不设专门的职能机构。

优点:管理机构简单,管理费用低,命令统一,决策迅速,指挥灵活,上下级关系清楚,维护纪律和秩序比较容易。

缺点:管理者精力有限,难以深入细致地考虑问题;管理工作简单粗放;成员之间和组织之间横向联系差;管理者的经验、能力无法立即传给继任者,继任者无法立即展开工作。

2. 职能式

特点:专业分工的管理者代替直线式的全能管理者;设立职能部门,直接指挥组织的各项活动;下级服从上级行政部门和职能部门的指挥。

优点:具有专业分工优势,能发挥专家作用;专业管理工作做得较细,对下级工作指导得具体;可以弥补各级行政领导人管理能力的不足;主管易于控制和规划;简化培训。

缺点:容易形成多头指挥,削弱统一指挥;相互沟通不灵,对环境的适应能力差;员工长期待在一个部门,易目光短浅,只看重本部门目标,降低总体目标;过度专业化,不利于培养全面的管理人才;利润的责任在高层。

3. 直线职能式

特点:在直线式的基础上,设置相应的职能部门;只有各级行政负责人才具有指挥命令的权利;职能部门只有经过授权才有一定的指挥权利。船舶驾驶台组织就属于此种形式。

优点:综合了直线制和职能式的优点。

缺点:各职能部门自成体系,不重视信息的横向沟通;工作容易重复;职能部门之间可能出现矛盾和不和谐,造成效率不高;职能部门缺乏弹性,对环境反应迟钝;利润的责任在最高层。

4. 矩阵式

特点:在直线职能式的基础上,增加横向的领导系统;为临时性,非长期固定性的组织。

优点:加强了横向联系,消除职能部门相互脱节、各自为政的现象;专业人员和专用设备得到充分的利用;具有较大的机动性,资源利用率高;各专业人员互相帮助,相得益彰。

缺点:成员有临时观念,责任心不够强;双重领导,有问题时难分清责任;需要有善于调解人事关系的管理人员。

5. 事业部

特点:总公司下面按产品或地区划分事业部或分公司;事业部是独立核算的、自负盈亏的利润中心;总公司只保留部分决策权,下放部分权利;事业部充分发挥主观能动性,自行处理日常经营活动。

优点:多种经营和专业分工良好结合;责、权、利分明,易调动员工的积极性;能保证公司获得稳定的利润;能培养全面的高级管理人才。

缺点:需要许多高素质的专业人员;管理机构和人员较多,管理费用高;对事业部经理的要求高;分权易产生架空公司领导的现象;各事业部争夺资源,易发生内耗,协调困难。

除了上述几类,还存在控股公司、网络型组织结构。

(四)组织的设计

组织的设计分三个步骤。

(1)确定完成组织目标所必须做的工作。任何组织都是围绕某些目的而建立的,而不同的目的需要用不同的手段去实现。因此,为实现组织的最终目标,首先必须明确组织需要完成的各种任务。

(2)将工作合理地划分为具有可能性的个人行为。创建组织的原因是组织拟完成的工作是无法由个人完成的。因此,这些工作"合理"地划给各个组织的成员。"合理"在这里包含两层含义:首先员工不应该被指派去完成不适合他完成的工作;其次,工作的强度不宜过大,也不要过小。过大的工作强度导致工作无法及时、正确地完成,而过小的工作强度则造成的浪费、效率的降低及不必要的开支。更为重要的是,过大的工作强度可能可能引起疲劳,从而造成事故的发生,进而造成更大的的损失。

(3)将组织机制设计成便于协调组织成员工作的统一而且和谐的整体组织。设计可分为两大类:传统的组织设计和现代的组织设计。传统组织设计包括划分工作、确定从属关系、确定职责和责任、划分管理层次、划分部门。

大部分组织结构都非常复杂,不便于语言叙述。因此管理人员常用组织结构图的形式将组织结构中的功能、部门、职位及其之间的相互关系清晰展示出来。传统组织设计亦有它的优点,比如从属关系清晰、责任明确以及专门化带来低成本等优点,但同时它也存在着下级单纯依赖上级,追求部门目标影响整体目标,不同部门之间存在隔阂,资源重复配置导致浪费等缺点。

随着现代经济发展集团化、专业化和复杂化,现代组织中的管理者发现传统的层次结构常常不能适应对简约、灵活和创新的要求。因此管理者努力寻找各种创造性的办法来构建和安排组织工作,力图使其组织对市场变化作出更好的反应。较传统的组织设计而言,现代企业的组织设计在框架设计前增加了职能设计,这不但使得框架设计有了科学的依据,而且避免了传统的组织设计就事论事的弊端。

(五)船舶的组织结构

船舶组织结构的形式随着船舶科技进步而演化。目前,一般分为甲板部、轮机部和事务部,客船还有客运部等。一般货船船员组织结构,随着船舶自动化程度的迅速提高,无人值班机舱和一人驾驶台的快速发展,STCW 公约提出功能发证,船员可跨部门从事其适任证书许可的职能。表现为一职能多人和一人多职能,可根据情况需要灵活地组织值班。基于职能配员的船员组织结构,打破了部门的界限,共享人力资源,能随时调集足够的技术力量解决某职能的问题,职能配员使船员总人数得到了较大幅度的减少。图 5-1 是一个船舶组织结构图的范例,它代表了典型的传统组织结构。

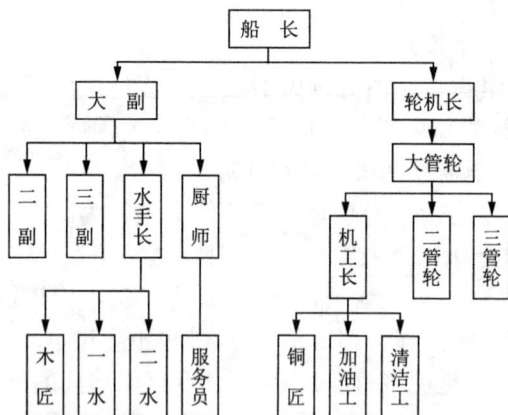

图 5-1 船舶组织结构图

(六)驾驶台组织的作用

1.确定完成组织目标所必做的工作

任何组织都是围绕某些目的而建立的,办学校是为了培养学生,组建球队是为了赢得比赛,而驾驶台团队的目的是保证船舶安全和高效率营运。不同的目的要用不同的手段去实现,为实现组织的最终目标,必须首先明确整个组织要完成的各种工作。

2.将各种工作合理地划分为具有可操作性的个人行为

人的社会性具体表现是合作产生的效益比单干产生的效益更高,这也是组织存在的理由。

　　创建组织的原因是组织能完成的工作是无法由个人完成的。因此这些工作应合理地划分给各个组织成员。"合理"这个词包含两层意思，首先，员工不应被指派去完成不适合他完成的工作。其次，工作强度不宜过大，也不宜过小。过大的工作强度可能导致无法及时、准确地完成工作，更为重要的是，过大的工作强度可能造成疲劳，导致发生事故，而造成更大的损失。而过小的工作强度则会造成时间浪费、效率降低及不必要的开支。

　　3.将组织机制设计成统一和谐的整体

　　传统组织设计有其优点，如从属关系清晰、责任明确，但它存在着单纯依赖上级，追求部门目标，而影响整体目标，不同部门之间存在隔阂及资源重复配置导致浪费等缺点。

（七）组织成员的基本职责

　　1.与驾驶台资源管理相关的部门成员职责

　　（1）甲板部：主要负责船舶航海、船体保养、船舶营运中的货物积载、设备的装卸、航行中货物的照管，主管驾驶设备，包括导航仪器、信号设备和通信设备，负责救生、消防，管理堵漏器材，主管货仓，保养锚设备、系缆设备、装卸设备，负责货舱系统、淡水、压舱水、污水系统的使用和处理。

　　（2）轮机部：主要负责主机、辅机、锅炉及各类机电设备的管理、使用、维护保养，负责全船电力系统的管理和维护工作。

　　（3）事务部：主要负责全船人员的伙食、生活服务和财务工作。

　　2.不同级别船舶人员的基本职责

　　随着船舶自动化程度迅速提高，无人值班机舱和驾驶台资源管理快速发展。船舶人员分为三个级别：管理级、操作级，支持级。高级船员可跨部门履行其适任证书许可的职能，表现为一职多人和一人多职，可根据情况需要灵活地组织值班。基于职责配员的船员组织的优点在于打破部门界限，共享人力资源，能随时调集足够的技术力量来解决某职能板块中的问题。

　　（1）管理级人员的基本职责如下。

　　① 船长：船长是船舶的领导人，负责船舶安全运输、生产和行政管理工作，对公司经理负责，负责驾驶船舶和管理船舶，在船公司领导下全面负责船舶的安全生产、经营管理、航行工作、行政管理、应变指挥；执行有关的法律规定和主管机关的有关指令，保证船舶、船员和旅客、所载货物的安全以及水上交通安全，防止海上污染，保护海洋环境，严格遵守国际公约和地区性规定，承担应尽的国际义务，遇到应急情况时果断而稳妥地处理各项事务。

　　② 大副：主持甲板部日常工作，协助船长做好安全生产和船舶航行，担任航行值班；主管货物配载、装卸、运输和甲板部的保养工作；负责制订并组织实施甲板部各项工作计划，负责编制货物积载计划、维护保养计划；主持安全月活

动和相关安全工作。

③ 轮机长：是全船机械、电力、电气设备的技术总负责人。全面负责轮机部的生产和行政管理。检查轮机部各项规章制度的执行以使各种设备保持良好的运行状态。

④ 大管轮：在轮机长的领导下，参加机舱值班，负责主机，维护机舱的正常工作秩序；主管推进装置及附属设备、锅炉、启动空气系统、超重动力和应急装置的使用和维护。

（2）操作级人员的基本职责如下。

① 二副：履行航行和停泊所规定的值班职责，主管驾驶设备（包括航海仪器和操舵仪器等）的正确使用和日常维护；负责航海图书资料、通告的日常管理和更正以及各种记录的登录。

② 三副：履行航行和停泊所规定的值班职责，主管救生、消防等应急设备的日常管理和维护。

③ 二管轮：履行值班职责，主管辅机及其附属系统、应急发电系统与燃油柜、驳运泵、分油机、空压机、油水分离设备和污油柜的使用与维护。

④ 三管轮：履行值班职责，主管副锅炉及其附属系统、各种水泵、甲板机械、应急设备和各种管系。

（3）支持级人员的基本职责如下。

① 水手长：在大副的领导下，带领木匠和水手做好锚、缆、装卸设备的养护和维修，做好帆缆作业、舷外作业、高空作业、起重、操舵等以及其他船艺工作。

② 木匠：做好木工工作及有关航次维修和保养工作，负责起锚机的操作和保养，负责淡水舱、压水舱及油舱的测量和维护。

③ 一水：执行操舵、航行值班和日常甲板部的维修保养工作。

④ 二水：执行带缆、收放舷梯和甲板部的各种工艺工作。

⑤ 机工：在轮机员的领导下，执行机舱内机械设备的检修和保养工作。

任务三　驾驶台团队

一、团队的定义与形成过程

（一）团队的定义

团队是由一起工作以完成共同任务的个体组成的一个群体，是由两个或两个以上的人组成的。团队成员彼此相互影响、相互作用，在行为上有共同规范。许多个体联合成一个团队，为了共同的目标而工作。通俗地讲，团队是由以完成共同任务的个体所组成的群体。那些萍水相逢，偶然会合在一起的一群人，虽然在时间上、地点上有共同特点，但他们没有什么协作与相互影响，因而这些人是不能称为团队的。

（二）团队形成的基本要素

1. 团队成员有共同的目标

为完成共同目标，团队成员彼此合作是构成和维持团队的基本条件。事实上，也正是有了共同目标，才确定了团队的性质。组织是先有结构，后有任务、目标和发展方向。而团队必须是先有目标、任务，后有团队。更为重要的是团队的目标赋予团队一种认同感，这种认同感为解决个人利益和团队利益冲突的问题提供了有意义的标准，使得一些威胁性的冲突有可能转变成建设性的冲突，也正是因为团队目标存在，团队中的个人才知道自己的坐标在哪儿，团队的坐标在哪儿。此外，团队的目标存在使得团队成员能够在遇到紧急情况时、面临失败风险时全身心地投入，统一思想，形成合力。除了团队，没有一个人能做到这一点，因为他所面临的这些事件是对他们团队整体的挑战。

2. 团队成员之间相互依赖

团队成员之间在行为心理上相互作用，彼此影响，形成了默契。无论何时何地，团队成员之间都会相互支持，彼此协作，以共同努力完成各项工作。

3. 团队成员具有团队意识

团队成员在情感上有认同感，意识到"我们是这一团队中的人""我是这一群体中的一员"，也就是说团队成员具有归属感。每个人都感到有团队中的他人的陪伴是一件快乐的事情。彼此心里放松，工作愉快，所以说团队意识和归属感在团队工作中有着深刻意义。

4. 团队成员具有责任心

所有团队成员都要共同分担责任。正常情况下，没有任何一个成员是不承担责任的，如果大家都不承担责任，根本无法实现共同目标。"领导让我负责"和"我们自己负责"有微妙而重要的区别。前者可以影响后者。"我们自己负责"是团队的核心问题，是团队成员对团队的承诺，也是团队对成员的信任。事实上，当我们为了一个共同目标走到一起的时候，也就不可避免地承担起对团队的责任。

（三）团队的形成过程

1. 团队的组建

为了共同的目标而工作，就必须组建团队。首先，要形成团队的内部结构框架；其次，建立团队与外界的初步联系。

（1）形成团队的内部结构框架，包括明确团队的任务、目标、角色、规模、领导、规范等。必须明确认以下问题。

① 是否应该组建这样的团队？

② 团队的任务是什么？

③ 团队中应包括什么样的成员？

④ 如何分配成员的角色？

⑤ 团队的规模要多大？

⑥ 团队的生存需要什么样的行为准则？

（2）建立团队与外界的初步联系：主要包括建立团队与组织的联系，确立团队的权限，建立对团队的绩效考评制度、对团队行为的激励和约束的制度体系，建立团队与组织外部联系和协调的关系。

在团队组建之初，团队成员比较关注工作的目标和工作程序，在人际关系的发展方面，成员之间相互了解和相互交往，表现出在一起的兴趣和新鲜感；在行为方面，他们不会轻易投入，大都保持礼貌和矜持等。

2. 团队的内部冲突

团队经过组建以后，隐藏的问题逐渐暴露，团队内部冲突可能会加剧，虽然团队成员已经接受了团队的存在，但是对团队给他们的约束可能会予以抵制。他们可能会对谁可以控制这个团队存在争执和不服气。在这一阶段，热情往往让位于挫折和愤怒。冲突的类型包括成员与成员之间的冲突、成员与环境之间的冲突、新旧观念和行为之间的冲突。这时候团队成员就要化解各种矛盾冲突，需要良好的沟通与协调。

3. 团队的规范

经过一段时间的冲突，团队逐渐走向规范。在这个阶段中，团队内部成员之间形成亲密的关系，团队表现出一定的凝聚力。团队成员会产生强烈的身份感和友谊关系，保持积极的态度，具体表现为相互理解、关心和友爱，把注意力转移到工作任务和目标上来，大家关心的问题是彼此合作和团队的发展。他们对新技术和制度也逐步熟悉和适应，并在新旧制度之间寻找某种平衡。团队和环境之间的关系也逐渐理顺。这时候，团队面临的主要问题是团队成员由于担心发生更多的冲突而不愿意提出自己更好的建议。此时的工作重点应该是提高团队成员的责任心和权威，鼓励他们多提建议。

4. 团队的执行

在这个阶段，团队结构已经充分发挥作用，并已经被团队成员完全接受。团队成员的注意力已经从相互认识和理解转移到充满自信地完成自己的任务。团队成员已经学会建设性地提出不同意见，能经受住一定程度的风险，并且能用他们的全部能量去面对各种挑战。大家高度互信，彼此尊重，也呈现出愿意接受团队外部的新方法、新观念、新技术和自我创新的学习性状态。整个团队已熟练掌握处理内部冲突的技巧，也学会了团队决策的各类方法，并能通过团队会议来集中大家的智慧，做出高效决策，并通过大家的共同努力去追求团队的成功。

5.团队的休整

团队任务完成后,那些预先设计好要解散的团队进入休整期。对于驾驶台团队来讲,休整期意味着团队成员的调整,即完成合同的成员休假,而新的成员加入,驾驶台团队将会进入一个新的形成过程。驾驶台团队与一般的项目团队既有区别,也有相同之处。区别在于驾驶台团队成员在进入团队前对自己的角色和职责已有了较为清晰的认识;相同之处在于不同的船舶有不同的特点,对于驾驶员团队成员的具体要求是不同的,各成员也要经过前期的适应阶段,才能融入整个驾驶台团队。

以上团队形成过程的五个阶段是必需的、不可跳跃的。

二、团队成员的角色

团队中的角色包括领导者、关键人物、工作者、善于思考者。关键人物是使团队任务顺利进行的人。工作者是努力做好工作细节的人。善于思考者是巧干者而不是苦干者,善于分析和处理所有工作。一个完整的团队是由众多角色组成的。英国的贝尔宾博士通过对数千个团队长时间的研究得出一个结论:优秀的团队由九种角色构成,它们包括实干者、协调者、推进者、创新者、信息者、监督者、凝聚者、完美者以及技术专家。

在团队中,通常创新者首先提出观点,信息者及时提供信息,实干者运筹计划,推进者希望散会后赶紧实施,协调者在想谁干最合适,技术专家考虑可行性,监督者"泼冷水",完美者"吹毛求疵",凝聚者"润滑、调试"等,团队的价值通过这样的组合而体现出来。应该指出的是,一个人在团队里的角色并不是单一的,有时一个人可以充当不同的角色。

三、团队的作用

随着知识经济时代的到来,各种知识技术不断推陈出新,竞争日趋激烈,市场需求越来越多样化,使得企业管理所面临的情况和环境极其复杂,在很多情况下,单靠个人能力已经很难完全处理各种错综复杂的信息并采取切实、高效的行动,组织成员要进一步相互依赖、相互关联、合作。团队的建立正是旨在解决错综复杂的问题,并进行必要的行动协调,以保持组织的应变能力和持续的创新能力。

四、团队成员的作用

驾驶台团队的每一个成员都应认识到每个人在船舶安全航行中起到很重要的作用,安全与否取决于每个成员尽是否自己的能力履行职责。

每位成员必须认识到船舶安全不应该依赖于某个人的决定。应仔细检查所有决定和命令,并监视其执行。如果某个资历低的成员认为某个决定对于船舶并不是最好的选择,他们必须毫不犹豫地针对那个决定提出自己的看法。

五、团队工作的三环模式

三环模式(图 5-2)是由英国的 John Adair 教授在 19 世纪 70 年代提出的关于团队工作、领导力和管理相关的理论。John Adair 教授用三个圆环分别代表团队工作中的执行任务、班组维持和支持个体。而三个圆环相互重叠,表示团队工作中的各个功能相互依存、不可分割。

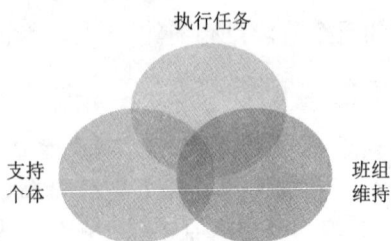

执行任务

支持
个体

班组
维持

图 5-2 三环模式

六、优秀团队的特征

优秀团队的特征体现在目标、成绩、贡献、交流、成熟关系等方面,好的团队能清楚地理解和赞同团队目标,能克服困难,解决问题并达到目的。每个成员都在贡献力量;成员相互沟通交流,使工作做到最好;成员之间互相信任和支持。好的团队能与其他团队或其他个人很好地合作。一个良性运转的高绩效团队,必须具备以下一些显著特征,反之,可以说,具备了以下这些特征,一个群体组织才能被称为良好的团队或高绩效团队。

(一)有明确的目标

团队对于主要目标有清楚的了解,并坚信这种目标包含着重大的意义和价值。而且,这种目标还激励着团队成员把个人目标升华到团队目标中去。在有效的团队中,成员愿意为团队目标作出承诺,清楚地知道他们做些什么工作以及他们之间怎样共同工作和完成任务。

(二)有相关技能

团队是由一些有特定能力的成员组成的。他们具备实现理想目标所必需的技能和能力,有能够良好合作的品质,从而能够出色地完成任务。有精湛技术能力的人并不一定就有处理团队内关系的高超技巧,也不一定就能对团队目标的实现做出贡献,而良好团队的成员往往兼而有之。

（三）沟通良好

这是团队一个必不可少的特点。团队成员通过畅通的渠道交换信息，包括各种言语和非言语信息。此外，管理层与团队成员之间应有良好的信息反馈，这有助于管理者知道团队成员的行动，消除误解。团队中的成员应能迅速地相互了解。

（四）有一致的承诺

团队成员表现出高度的忠诚和承诺，为了能使团队获得成功，他们愿意做任何事情。我们把这种忠诚和奉献称为一致的承诺。对成功团队的研究发现，团队成员对他们的群体有认同感，他们把自己属于该群体的身份看作自我的一个重要方面，愿意为实现这个目标而发挥自己的最大潜力，一致的承诺特征表现为他们对团队目标的奉献精神。

（五）有效的领导

有效的领导能够让团队跟随自己度过最艰难的时期，因为他们能为团队指明前途和方向。他们向团队成员阐明变革的可能性，能够鼓舞团队成员的自信心，帮助其更充分地了解自己的潜力。优秀的团队领导者不一定要指示和控制，他们往往担任的是教练和后盾的角色，他们对团队提供指导和支持，但并不试图控制它。目前，许多管理者已经发现这种新型的权力共享方式的好处而乐于实施，但是仍然有一些管理者思想僵化，习惯于专制而不去接受这种新观念，这种人应该尽快转换自己的陈旧观念，否则就将被淘汰。

（六）相互信任

成员之间相互信任是优良团队的显著特征。这就是说，每个成员对其他成员的行为和能力都深信不疑。在日常人际交往中人们往往能体会到信任是相当脆弱的，需要花费大量的时间培养，而又很容易被破坏。只有信任他人，才能换回他人的信任，不信任只能导致互相不信任。因此维持团队内的信任需要引起管理层的足够重视。组织和管理层的行为对形成团队内相互信任的氛围特别重要。如果组织崇尚开放、诚实、协作的办事原则，则这样的团队比较容易形成互相信任的环境。

七、驾驶台团队

（一）船上良好的团队协作要求

（1）团队领导力求坚定，但又不失友好和灵活。这是与专制系统对照而言的，专制系统里所有的事情都是由一人决定的。如果专制系统的领导犯了错误，就很少或没有检查或反馈。如果缺乏坚定的领导，各行其是的"自由主义"模式也一样糟糕。

（2）驾驶台团队的每一位成员各司其职,而船长则需要随时监督航行和避让行动的正确性。船长负总责但不能专制。船长的热情、友好的评价和幽默有助于激励团队。

（3）决策时要基于客观事实,而不是基于个人的主观臆断和偏见。

（4）团队每一个成员的贡献都有其价值,这具有强烈的激励作用,因为所有的行动都是根据团队的共同决策而不仅仅是上级的决定。

（5）驾驶台团队应能正确地应对各种紧急情况和环境的突然变化。

（6）团队能够顺利接纳新成员,新成员能尽快地适应团队,让自己成为团队的一员。

（7）团队每一位成员都应留心周围发生的任何情况以便及早发现失误并避免失误链的形成。

（8）成员间要有良好的沟通,不要害怕询问船长或者引航员。

（9）团队工作应遵照规定的标准程序和航次计划等。

（10）团队成员间要互相提供支持,要共同按照船长的决策和授权办事,因为船长往往控制和了解全局。

（11）特别注意驾驶台工作环境随时都在变化,所有团队成员必须记住:保持不间断的警戒,加强情景意识,对特定的情况预先考虑,安排好优先顺序,保持良好的沟通和通信,保持良好的健康状况,适时提出建议和询问,经常交叉检查。

（12）所有的团队成员对助航仪器和自动化设备不能过分依赖,乐意请求援助,乐意指出上级的错误,不要对小事情纠缠不清而忽视了应优先处理的大问题。

（二）驾驶台团队的组成、作用职责

1. 驾驶台团队的组成

驾驶台团队成员包括船长、驾驶员、值班水手、值班轮机员和在船引航员,船舶驾驶台团队组织机构如图5-3所示。

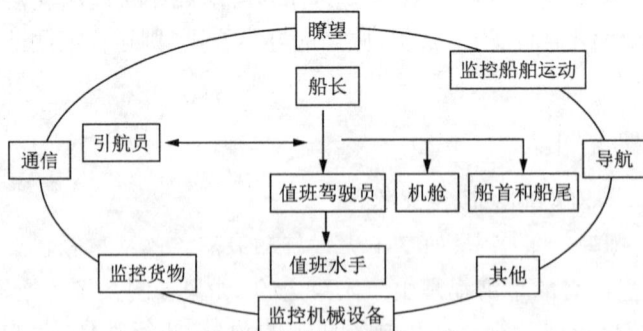

图5-3 船舶驾驶台团队组织机构

2. 驾驶台团队的作用

（1）消除由于个人失误而可能造成灾难性局面的危险性。

（2）强调保持良好视觉瞭望的必要性和执行避碰规则的必要性。

（3）鼓励利用所有确定船位的方法，以便在一种方法失效的情况下，其他方法立即可用。

3. 驾驶台团队的工作原则

（1）驾驶台团队的主要功能是确定适合的航路。

（2）根据任务和境况配置合适的人员。

（3）委派驾驶员合适的任务。

（4）驾驶台团队人员应尽职尽责、相互支持。

（5）接纳引航员作为重要的一员加入驾驶台团队。

（6）充分利用驾驶台所有资源。

（7）消除成员中任何一人可能引起严重后果的失误。

（三）驾驶台团队的职责

1. 值班驾驶员的职责

IMO 决议第 285 条要求"值班驾驶员必须保持有效的瞭望"，表明"在白天某些情况下，值班驾驶员可以是唯一的瞭望人员"。

值班驾驶员是唯一瞭望人员时，如有必要，他也应该毫不犹豫地要求得到支持。当他不能全神贯注时，支持人员应立即到驾驶台予以协助。需要时，让无值班证书的、在驾驶台附近工作的人员协助瞭望是通常的做法。晚上，瞭望人员常在驾驶台履行其专职的瞭望职责。

在某些情况下，值班驾驶员是唯一的积极参与船舶航行的人员。可能使用自动舵，而瞭望人员在驾驶台周围履行瞭望职责。在对团队的合作没有明显要求时，值班驾驶员应对安全航行的各个方面负责。

2. 瞭望人员的职责

如果值班驾驶员忙于履行其他职责，而不能瞭望，他必须呼叫无证人员上驾驶台协助瞭望。值班驾驶员要指导协助瞭望人员，让其履行瞭望职责；知晓如何报告所看到的；穿上足够的衣服，以免受天气的影响；必要时尽量勤换班；站在他能保持最佳瞭望的位置。

3. 操舵人员的职责

除瞭望人员外，值班驾驶员还可能要求有一个操舵人员。值班驾驶员有责任要求他们了解各自的职责，并提高他们值班的有效性。在这种情况下，值班驾驶员须确保命令得以正确执行，如操舵命令与要求的相符。值班驾驶员有责任保证船舶安全而有效地航行。

4. 船长在驾驶台的职责

在某些情况下,值班驾驶员觉得有必要呼叫船长上驾驶台。这也许是因为实现计划要求船长上驾驶台,或船长常规命令或夜航命令已指明,或值班驾驶员意识到需要船长的知识和经验。

呼叫船长上驾驶台并不是将船操的纵职责由驾驶员转交给了船长,除非船长明确表明接任操纵任务。在船长到驾驶台之前,值班人员仍履行其职责。一旦船长承担操纵职责,应将此记入航海日志。此后,驾驶员履行支持职责,但仍采取值班人员的行动。

船长根据航路规则和推荐的航路控制船舶运动,规定航向及航速,监控船舶的安全航行,协调并监控所有值班成员。

5. 辅助驾驶员的职责

在某些情况下,船长认为有必要得到两位驾驶员的支持,其中一位为值班驾驶员,另一位为辅助者。船长的职责如前文所述,但这两位驾驶员的职责应分工明确。需要两位驾驶员协助船长,一般表明船舶处于非常危险的情况。造成这种危险的可能原因是安全界限要求船舶谨慎地保持在航线上,龙骨下富余水深减小,交通繁忙,能见度不良。

在正常航行的前提下,值班驾驶员依然履行职责。辅助驾驶员的职责是向船长提供基于雷达的交通信息,在海图作业方面给予值班驾驶员支持,包括按要求提供有航行信息的海图,处理内部和外部的一般通信联系。

6. 在船引航员的职责

引航员从到达驾驶台开始直至离开驾驶台,作为驾驶台团队的一名主要成员,参与驾驶台团队的工作。引航员在船是为了协助驾驶台团队在受限制水域航行、进出港口以及靠离泊作业。尽管引航员在船且有责任和义务,但不能解除值班驾驶员对船舶安全的责任和义务。引航员在船时,船长仍对船舶安全负有责任。在引航员缺乏经验或判断有误的情况下,船长有责任、权利和义务行使船舶的指挥权。

引航员在船时,船长和其他驾驶员需要清楚引航员的意图,必要的话,在航行过程中,询问引航员的意图。在这种情况下,驾驶台团队和引航员必须相互交换信息。驾驶台团队应了解引航水域的特性、引航的困难程度和当地的相关规定。引航员应了解船舶的操纵性能。引航员应熟悉船舶设备的使用。船长应向引航员介绍驾驶台团队成员的相关情况。

不管是否有引航员在驾驶台,船长必须对船舶的安全负责。正常情况下,引航期间,船长应留在驾驶台,若引航的时间比较长,船长离开驾驶台时,他必须记住把他的权力转交给值班驾驶员。

7. 总结

航行结束后,若有可能,船长应提供机会与团队成员讨论航行计划与执行情况。应开诚布公地提出发现的弱点并讨论,以便在以后的航行中纠正。这种总结不需要很长时间,可以在航行刚刚结束,团队成员对此次航行记忆犹新时进行。对航行计划做的改正,可以保留下来以便将来使用。

(四) 不同环境下驾驶台团队工作的要点

1. 船舶到港前的引航准备和团队工作

(1) 收集材料。

抵达港口前船长应利用各种方法,通过各种渠道收集有关港口的资料,及时收听附近水域和到达港口的航行警告、气象预报,通过向引航员和港口控制中心了解和联系当地代理及租家,提前获得有关航道和泊位等的变化情况及其对本船操纵和安全的影响程度。

(2) 改正海图和图上作业。

船长应督促二副及时做好航用图书的改正工作,进港时船长和驾驶员应核对航道灯浮标的变化情况,并作相应的标注,供船舶航行时校对。在海图上标示本船的吃水和适航水深,在重点转向点、危险区域,应标出可利用的物标及该物标的方位和距离。

对海图作业工作不可掉以轻心。应预画航线,在海图上标示各航段的航道宽度、碍航物、水深、等深线的走向、灯浮标的设置、转向点的位置、危险区的范围。对各航段的交通情况以及风、流变化对船的影响也要考虑在内,做好了这些准备才能使自己在引航过程中心中有数,才能知道引航员的引航口令是否正确,准确地把握航行安全的形势。个别船长进出港不注意海图作业,认为引航员上船,自己就不必再费心劳神,到了危急时刻,才冒冒失失收回指挥权,为时已晚,最后也挽救不了危局而发生事故。

(3) 熟悉资料和情况。

船长应认真阅读港口指南、航路指南、灯标表、潮汐表、海图资料、航行警告和港口的有关航行法规等资料,特别是对该港口所经过的航道和预计靠泊的位置、天气、风流的方向及大小、潮汐的变化情况、航道水深、限制高度、航标、碍航物、弯曲地段及拖轮的情况做到心中有数;以此制订周密的进出港计划、靠离泊计划和各种应急预案。在引航过程中,船长应该和引航员充分沟通和交流,往往可以从引航员那里学到很多书本上学不到的东西。

(4) 制定应急预案。

对已经识别的风险和无法预测的风险应多想几个"假如",多想几个对策。船长应当考虑到由于各种原因,引航员可能临时改变登船时间和地点,或者天气和能见度突然发生变化,航道弯曲地段附近需要紧急让船,或者航道内前方的船突然发生事故等,并做出相应的应急处理预案。

另外,应急处理方案还要考虑紧急情况下,主机发生故障,不能用车等情况。应充分注意应急准备和方案的可行性,并认真执行。例如,双锚备妥了,可是大副、木匠回生活区去了,发生事故时没有人处理。抛锚时要注意落锚点的地质情况及障碍物等,评估是否可以操作。为此,应急预案应考虑双锚制动、主机失控时机舱操纵的应急转换、紧急停船、应急舵的使用等;进出港使用安全航速,适时减速停车,消除惯性,控制好船速和船位,做到留有余地,有备无患。

(5)保证值班人员有足够的休息时间。

船长应按照文件的要求和有关规定,合理安排值班时间,让值班人员得到足够的休息,保证充足的体能和精力,同时对船员进行严格的监控,杜绝饮酒后值班。

(6)确保设备正常。

船长应按照文件的要求和有关规定,安排对船舶的各种机械设备的检查和试验,发现问题,及时排除;确保各种航海仪器、"四机一炉"和通信设备等正常使用。

(7)保持团队信息流的畅通。

船长必须将港口的特点和靠离泊注意事项告知驾驶员和轮机长,保证操作正确和机器的正常使用,确保进出港口的操作安全。

(8)做抛锚准备。

船长应详细了解引航锚地和等候锚地的特点,详细了解接近锚地时的导航目标、定位目标和方法、水文气象以及通航密度等。大副应按照船长的指示,备妥双锚,认真值守,并按照正确的操作方法进行作业,防止事故发生。

(9)排除干扰。

进出港和靠离码头期间,船长和驾驶员应严格遵守驾驶台值班规则,禁止无关人员上驾驶台,避免无关人员干扰正常驾驶操作。

2. 引航员登离船的安排

(1)做好引航员登离船安全保障。

航行中接引航员登船时应备车航行并使用手操舵,降低航速并尽可能给引航船造成下风。船舶登船口离水面高度超过 9 m 时,必须为引航员配置软梯加舷梯的联合登船装置。登离船器材符合标准并齐全,引航员登离船装置的安装应由驾驶员监督;派一名驾驶员持对讲机接送引航员登离船,夜间接送引航员时应该有足够的照明;使用直升机接送引航员时,应严格按照相应的操作规程进行。

除应遵守关于引航员软梯、舷墙梯、两根扶手支柱、舷梯、引航员机械升降器的配置和安装规定外,接送引航员登离船时,如引航员要求,还应备妥两根直径不小于 28 mm 且牢固地系固在船上的扶手绳、带有自亮灯的救生圈、抛缆绳。

（2）预防引航员登离船事故。

尽管国际海事组织对引航员软梯的管理从标准要求、制造质量、使用方法等方面都做了比较详尽的、强制性的要求，但引航员登离船事故（尤其是在大风浪中）仍时有发生。预防引航员登离船事故的方法包括但不限于以下几种。

① 大风浪中引航员上船，除必须在大船的下风舷安放引航员软梯以外，如引航员要求，还要使用符合《国际海上人命安全公约》（SOLAS）要求的扶手绳。要在甲板上固定扶手绳。

② 固定引航员软梯。在不使用引航员软梯时，只要将其放在舷外就应该固定好。放好引航员软梯后，船员必须检查并确认安放正确、牢固、没有松动、适于使用以及照明适当。若引航员发现软梯的技术规格或安放、固定、照明等不符合要求，可停止登船，并立即向引航站或船舶交通管理（VTS）中心报告。

③ 不携带物件登梯。引航员上船时，一般都随身携带一个文件包。值班人员应先用一根绳索将该文件包提到船上，再协助引航员上船。严禁引航员在使用软梯时，采用一只手携带包，另一只手扶梯的危险方法。如果引航员将包背在身后，必须确保丝毫不影响沿软梯往上攀爬的动作，并确保文件包不会被软梯或任何其他物品所阻碍而发生意外事件。

④ 调整软梯长度。引航员软梯的使用长度，在船舶满载时可能会显得过长，下放得过长又容易被停靠的船舶挤坏，因而，需要随时调整长度。但是，在调整引航员软梯时，必须从其上端收起或放下。不得采用从其下端系一根绳索，在船上送或收的错误方法。

⑤ 夜间照明：在不影响船舶操纵的情况下，大船要保证在引航员登船、离船时，软梯通道以及甲板、过道、楼梯口等处的良好照明。不得影响本船、小艇和引航员的视线。

⑥ 引航员的接送：引航员登船、离船时，自始至终要由负责驾驶员协助和护送，以确保引航员的安全。

⑦ 接送引航员过程中的通信：驾驶员接送引航员时，必须携带对讲机以保持与大船驾驶台的密切联系，以便配合控制好船位、角度、速度等。

⑧ 接送保护措施：引航员登船、离船时，尽管自始至终由大船驾驶员协助和护送，为确保引航员登船、离船的安全，引航船应指派水手与大船配合，专门协助和护送。风力达到或超过 6 级，风浪、涌浪达到或超过 1 m 时，引航船在海面上上下颠簸，引航员爬上引航员软梯，或由引航员软梯跳上引航船的瞬间，最容易发生引航员安全事故。此时风浪越大，危险性越高。为此，引航船靠上大船后，应指派水手协助引航员扶稳引航员软梯，协助引航员在适当的时候迅速爬上引航梯，或协助引航员跳上引航船；在协助引航员登船、离船前，应指定水

手将引航船舷侧甲板贴靠引航员软梯部位,清理附近的缆绳、杂物,以防发生意外。

3. 船舶进港、出港时的团队工作

(1)船舶进港、出港时船长应在驾驶台,轮机长应在机舱亲自指挥,值班人员均认真执行文件的各项规定,切实履行各自的职责。值班驾驶员应协助船长做好安全航行工作。换班时接班驾驶员应提前 15 min 上驾驶台,交班驾驶员应推迟 15 min 离开驾驶台,并记入航海日志。

(2)在引航船靠上本船之前,船长就可用高频无线电话与引航员联系,必要时大船应给引航船做下风。这时,船长应立刻查明船舶周边情况,在确保安全的前提下,再谨慎执行引航员的口令。在抛锚等情况下,引航员上船前,往往通过高频无线电话要求船长起锚,引航员认为最理想的是当他到达驾驶台时,船舶的锚已离地或已经进港了。船长应特别注意,根据当时船舶所在水域的环境条件(尤其是水流流速、流向、风速、风向、航道的宽度、交通拥挤程度等)确定起锚时间,并确定让本船在什么状态下上引航员。严防因引航船迟迟不露面,本船处于停车漂航状态而受到风流压,产生不为船长或驾驶员察觉的漂移,等到发现危险为时已晚的现象。

引航员上船后,船长应做好对引航员的接待和沟通工作,要让引航员轻松、愉快,精力集中引航。让引航员和船长的优势合理地互补,让他们默契地配合,同时要求船长或驾驶员使用《引航卡检查清单》,适时、主动地向引航员介绍本船的船舶规范、货载情况、操作性能、船舶水尺、前后吃水差等情况。

为了防止一次性向引航员介绍本船有关情况(主要是操纵性能)过多,或引航员一上驾驶台就立即开始引航,断断续续地介绍这些情况,致使引航员不能完全记住,建议在抵港前专门打印一张引航卡(Pilot Card),交给引航员。应把重要的信息放在前面,如船舶的主要参数、前后吃水、侧推器、主要操纵性能、驾驶台到船首的距离、本船的特殊操纵要求。

船长应该主动向引航员了解各引航航段的航线安排、操作意图、航道和泊位水深、进出船舶动态、靠离泊方案、拖船配置和操作方案、安全靠离要求、港口有关规定和注意事项等。各港口的引航员素质不同,船长应该意其有没有酗酒现象,及时观察和判断其操作能力、精神能不能集中等,真正做到心中有数。应核查引航员的每一个车钟令和舵令的正确性和有效性。

(3)在引航员引航时,若发现引航员的精力不能集中,要在尊重他的前提下用适当的方法与他沟通;发现引航员有错误时,应及时加以提醒;若船舶安全不能得到保证,船长则应当机立断,不顾情面,果断、明确地收回指挥权,自行指挥船舶,必要时可视情况要求更换引航员。

船长在非危险航段暂离驾驶台时应告知引航员,并指定驾驶员负责。此时如值班驾驶员对引航员的行动意图有所怀疑,应要求引航员予以澄清,若在引航员解释后仍有怀疑,应立即向船长报告,并可在船长到达之前采取必要的行动。为此,有必要教育驾驶员,使他们完全明白,当船长不在驾驶台时,自己有权力纠正引航员的错误口令,或在船长到达之前采取必要的(保护性)行动,但要极其谨慎地使用这种权力,并尽可能在情况允许的条件下事先与引航员取得沟通。

引航员登船时应向船长展现自己衣着整洁、精神饱满、热情自信、风度与修养俱佳,让对方能产生信任感、合作的愿望,从而形成互相激励的局面。这就意味着引航员必须做到以下几点。

① 首先把良好的心态、礼貌的问候带上驾驶台。

② 适当关注驾驶台的秩序,有无闲杂人员,气氛如何,环境如何(尤其是导航设施是否处于最佳状态)。

③ 与船长认真交换引航信息。介绍引航方案,航道情况、泊位情况、操作要求、特殊配合等。了解船位,航向,船速,角度,态势,值班人员的配备与站位,导航设施的状态,车、舵、锚、推测器的工作状态等。

④ 情绪稳定,镇定自若,有人格魅力,善于调整心态,给对方以良好、宽松的心理暗示。

⑤ 以积极主动的态度加入船舶航行和靠离泊安全作业的驾驶台团队合作之中,并使自己成为工作核心层主要成员。

另外,引航员还应具有高度的自我保护意识,并在引航的过程中能有理有节地处理与船长的关系,有效地控制船舶当时的引航作业情况,认真做到以下几点。

① 积极说明自己的引航意图,并通过相互交换意见达到有效沟通的目的。

② 在引航工作无法正常进行和有必要时,可提出警告性声明,以强调引航员的安全意见。

③ 在引航工作实在无法进行和有必要时,在告知船长后,终止引航。

④ 在紧急情况下,应在船长的统一指挥下,与船长一同挽救危局。

任务四　船舶内部与外部通信

一、内部沟通与通信的方式及要点

(一)内部通信

船舶常见的内部通信有驾驶分别与机舱、报房、船首和船尾、舵机间的通信,船舶广播系统的通信,船舶警报系统的通信,其他船内通信系统在驾驶台、在机舱间、在泊位间通信。

1. 航前会议

船舶开行前,船长召集所有相关人员,开航前会议,向他们通报航行计划、驾驶台团队的协作、相应规定、航行中可以预见的薄弱环节、参照航线的具体情况制定的标准和指南。

航前会议应尽早召开,以便留出足够的时间供驾驶员和轮机员制订各自的工作计划。如果随后的情况发生了任何变化,船长应重新向所有相关人员通报这些变化。通过航前会议,每个船员都能够清楚地了解他们在整个航行计划中的职责,使其能够在团队基础上有效、有序地操作。

2. 驾驶台与机舱的联系制度

(1)开航前:船长提前 24 h 将预计开行时间通知轮机长,如果靠港时间不足 24 h,应该尽早通知轮机长。开航前 1 h,值班驾驶员应会同值班轮机员试验、核对各种航行设备,确保其处于可用状态。

(2)航行中:每日正午,驾驶员与轮机员核对船钟,并互换填写船位报告所需要的各种数据;每班下班前,值班驾驶员与轮机员互换下列共享信息:主机转数、海水温度、平均速度和风向、风力灯;如果需要备车航行,驾驶台应提前 1 h 通知机舱。

(3)停泊中:轮机部若检修影响动车的设备,应事先征求船长的同意。

3. 驾驶台与船首、船尾的沟通

作业开始前,负责指挥船首、船尾系泊操作的驾驶员应联系驾驶台并报告钢丝、化纤缆、撇缆、引缆、止锁装置、锚机和绞车的可用情况和工作状态。同时驾驶台应将包括下列信息的系泊计划及时通报驾驶员:引航员登轮安排,包括在哪一舷安放引航员软梯、软梯的高度、是否使用组合梯以及是否使用引航员升降装置等;拖轮的数量和拖带作业方式;带缆顺序和系缆数量;泊位和靠泊程序方面的详细资料。

驾驶员应向相关船员通报系泊计划的具体安排,以便使所有成员都知道自己在操作过程中的具体职责。驾驶员应将操作的进展情况及时报告驾驶台,直到系泊作业顺利完成。

4. 船长与驾驶员之间的信息交换

(1)常规命令:船长的指挥和控制应该按船舶操作程序手册的规范进行,应该以船公司的航行方针为基础并参照常规操作原则编制该手册。船长应及时按照船舶具体营运状况以及当时船舶规定编制常规命令。常规命令的执行不应该与船舶安全管理体系发生冲突。所有驾驶员在开航前都应阅读船长的常规命令并填字确认,其副本应保留在驾驶台以备查阅。

(2)夜航命令:

夜航命令包括船长不在驾驶台时为确保航行安全的各种指示。船长应该在夜航命令中明确值班驾驶员需要认真遵守的常规命令和特殊情况需要的戒备,尤其应该明确告知值班驾驶员当其对船舶安全产生怀疑时应采取的措施,其中包括在哪些特殊情况下应叫船长。值班驾驶员应阅读夜航命令并签字。

(3)叫船长:在下列情况下负责航行值班的驾驶员应立即向船长报告:遇到或预料到能见度不足;对通航条件或他船的动态产生疑虑;对保持航向感到困难;在预计的时间未能看到陆地、航标或测不到的水深;意外看到陆地、航标或水深突然发生变化;主机、推进机械的遥控装置、舵机或者重要的航行设备报警或指示仪发生故障;无线电设备发生故障;在恶劣天气中,怀疑可能有天气危害;船舶遇到任何航行危险,如冰或海上弃船;有其他紧急情况或感到疑虑。

5. 引航员在船时的沟通和信息交换

引航员到驾驶台后,立刻成为驾驶台团队成员。船长与引航员沟通时,必须使用共同语言,船长有义务向引航员介绍其他驾驶台团队成员、驾驶台设备的相关情况,并允许他使用驾驶台设备、信息和资料等。

(1)船长的责任:船长对船舶安全负有最终责任,当他认为必要时,有权从引航员手中接管船舶指挥权。有时,船长会发现自己处于这样一种困境:对引航员的指挥有疑问,但由于不熟悉当地情况而无法询问引航员。同时,船长无权支配拖轮、带缆艇和带缆工。

引航员在船时,不解除船长对船舶安全所负责任和义务。船长应与引航员沟通和交换信息,包括航行现状、当地气象、地理特点、船舶特性、船舶设备状态等。船长应与引航员密切合作,并掌握船位和船舶动态。

(2)引航员的责任:除了引航员卡和驾驶台张贴的船舶操纵数据外,引航员登轮后还应和船长就下列信息进行沟通:航行计划、泊位位置、潮汐、海流、当时天气及预报、航行速度(轻重油转换)、通航条件和操纵限制、拖轮数量和拖带作业方式、带缆/解缆顺序和系缆数量、可能的障碍/危险、泊位和靠离泊程序方面的详细资料。

引航员具备当地航行的特殊知识和与港口当局的特殊联系,熟悉当地水域,可支配拖轮、带缆工人。引航员有责任和义务利用其特殊知识和能力在当地水域驾驶船舶,帮助船舶进、出港口,靠、离泊位。

引航员应与船长和驾驶员沟通在引航水域中的任何困难和制约因素;条件允许时,尽可能多地告知自己的操纵意图。

(3)值班驾驶员的责任:引航员上船后,值班驾驶员负责监视设备和船舶动态,向船长和引航员提供支持。引航期间,值班驾驶员应知道船舶位置,并知道在一个预定的时间间隔里将到达的位置。通过监视船舶改向、舵和对船舶位置的标绘,应当能够判断引航员是否出错。如果值班驾驶员对引航员的行为或意图有疑问,应让引航员解释。如果疑问仍然存在,应立即通知船长,并在船长到达前采取任何必要的措施。

6. 驾驶员交接班

接班驾驶员应熟知船长对船舶航行有关的常规命令和其他特别指示,船位、航行、航速和船舶吃水,当时和预报的潮汐、海流气象、能见度等因素及其对航向和航速的影响。

接班驾驶员还要了解的内容包括但不限于正在使用或在值班期间有可能使用的所有航行和安全设备的工作状态,陀螺经和磁罗经的误差,看到或知道的附近船舶的位置和动态,在值班期间可能会遇到的情况和危险,由于船舶的横摇、纵摇、水的密度以及船体下沉面可能对龙骨下富余水深的影响。

(二)重要的船上的沟通方式

重要的船上沟通方式包括船上会议、简要提示／总结报告、值班命令、船舶手册、通函、公告、海报、符号和标签、航海通告、无线电天气警报、信息。

(三)内部通信手段

口头通信与交流是常用的手段,在船上通常采用在会议或商量进展过程中面对面的口头交流。除此之外,还有使用设备(如电话、对讲机)的口头交流。在此需强调工作前的安排说明(Briefing)和工作后的情况小结(Debriefing)。

1. 工作前安排说明

工作前安排说明是团队内部交流的一个重要方式。要求在做每项工作前安排时间做简要的安排说明。这种说明是公开的、友好的,并能在驾驶台团队工作中产生积极影响。在工作前安排说明会上,说明和公布建立的标准和指南,与驾驶台团队检查计划,识别薄弱的环节,以营造有效的工作氛围。征求建议,总结计划,查核理解情况,制定监督指南,获得承诺。监督计划的进展,评估进展情况,必要时修改、更新计划。

可通过召开离港前工作安排会议来介绍航线计划,与驾驶台人员进行深入而广泛的交流,说明要求,明确航线上可能的薄弱环节,制定一些航行中需要的标准和指导方针。船长在引航作业前对引航员甚至驾驶员就航道航行情况、靠离泊作业安排等仔细说明,也是工作前安排说明的一个有效的反映。

2. 工作后情况小结

工作后情况小结是团队内部总结的一个重要方式。利用一切可得到的资源,在每项工作结束后尽快安排时间做情况小结,考虑所有组员的意见,积极吸取经验,鼓励为将来的改进提出反馈,纠正错误的行动计划。在工作后情况小结会上,不宜采取责备个人的形式,不要让讨论变成争论。不是每个决定都会得到所有人的赞同,观点的分歧是常见的,鼓励"提主张"和"询问"。

书面通信与交流是最为稳定而准确的手段。利用可存储的媒介来记录通信的基本内容,从而避免了信息的遗忘或丢失。船舶书面通信的手段常见的有值班命令(Standing Orders)、船舶手册(Shipboard Manuals)、公告(Notice Boards)、海报(Posters)、符号(Signs)和标签(Labels)等。

二、外部通信的方式及要点

船舶常见的外部通信有与 VTS 中心、引航站、代理、船公司的通信和用船位报告系统通信等。

船舶工作的特点造成船舶外部通信是一种远距离通信。因此,设备的工作频率的使用成为外部通信的关键问题之一。在船岸之间和船与船之间,广泛采用的是甚高频无线电话(VHF),它是一种通信方便、传递信息迅速而可靠的近距离通信工具。船用话机的输出功率一般不超过 25W,岸用话机的输出功率一般为 50 W,通信有效范围一般在 30 ~ 60 n mile。

书面方式的通信手段包括通函(Circulars)、电子邮件(Email)、传真(Tele-Fax)、电报(Tel-ex)。

(一)船长、值班驾驶员与引航员间的信息交换

引航员在登轮前应与船长就下列问题达成共识:引航员登轮的时间与地点;引航员登轮装置,包括在哪一舷安放引航员软梯、软梯的高度、是否使用组合梯以及是否使用引航员升降装置等;引航员登轮时对航速和航向的要求;需要显示的识别信号。

(二)与港口当局的通信

为预防和减少交通事故,保障海上交通安全,提高运输效率,防止环境污染。船舶必须与港口当局保持密切的联系。港口当局将向引航员与其他航海人员发布有关 VTS 区域的细节内容,如区域的界限、提供服务的内容,并负责本辖区船舶的正常运行。

(三)船舶与 VTS 中心间的通信

(1)VTS 中心为船舶提供如下服务。信息服务:获得有关区域的基本信息,及时获得船上的航行决策过程中所需要的基本环境和交通状况;航行协助服务:促进或参与船上的航行决策过程,并监视其效果;交通组织服务:通过事先的规划和对运动目标的监测,在 VTS 区域内提供安全和有效的交通活动并防止产生危险局面;联合服务和相邻 VTS 的合作:综合 VTS 的效能,协调信息收集、评估和数据传递。

(2)在交管水域航行的船舶应按照相关规定向 VTS 中心报告,根据报告种类的不同,内容包括下列项目中的若干项目:船名、呼号或船舶电台识别码和国籍;通信的日期和时间;船舶的位置、航向和速度;出发港;进入报告制的日期、

时间和位置；目的港和预计到达的时间；船上是否有外海引航员或港内引航员；离开报告制的日期、时间和位置；航路信息；收听通信台站的全称和频率；下次报告时间；以米为单位的最大动态吃水；货物和危险品的概况，包括可能对人身或环境造成危害的有害物质和气体；缺陷、损坏、不足或限制；对污染货危险品灭火的说明；天气和海况；船东代表／船东的详细名址；船舶尺度和种类；医生、助理医生或护士的数目；船上人员总数。

（四）船舶与代理之间的信息交换

（1）代理公司在接受委托后，通常会联系船舶并提供下列信息：代理公司的详细名址、办理进口手续需要准备的文件、引航员的安排、泊位的安排、指定港口的特殊注意事项。

（2）船舶抵港前，船长应向船舶在目的港的代理提供下列资料：常用的船舶规范、办理无线电检疫所需要的各种资料、有关装卸作业的安排、船舶预计抵港时间。

任务五　偶发事件判断与决策

一、偶发事件的定义

偶发事件是指在某个过程中遇到的难以预料、出现的频率较低，但必须迅速处理的事件。

偶发事件的主要成因有天灾人祸、外来干扰、人际关系冲突、恶作剧、违法行为、感情障碍、性格异常等。

偶发事件的特点有偶然性、突发性、紧迫性。

二、船舶的偶发事件

船舶的偶发事件种类繁多，如果处理不当，将演变成船舶事故，对航行安全和生命、财产安全带来危害。

（一）船舶的偶发事件

（1）港口拥挤，叫不到引航员、拖轮而造成延误。

（2）通航拥挤。

（3）船舶设备故障。

（4）向新的目的地行驶。

（5）因能见度下降而减速。

（6）天气恶劣，需寻找庇护地。

（7）船舶因岸上紧急情况需立刻驶离。

（二）船舶偶发事件的应变原则

（1）建立处理这些偶发事件的计划和程序。

（2）考虑船上可利用的资源。

（3）建立确保计划和程序得以执行的核对表。

（4）熟悉偶发事件的处理计划和程序，并对船舶相关人员进行培训，组织演习，以保证人员做好准备。

三、救助落水人员的应急操作

驾驶室人员发现落水者，立即采取行动，称"立即行动"；发现落水者，由目击者向驾驶台报告，经过一段时间后采取行动，称"延迟行动"；发现落水者，向驾驶台报告时发现目标丢失，称"人员失踪"。由于外界环境影响下，操纵性能变化和采取行动的时间不同，接近落水人员应采取不同的操船方法。

（一）单旋回

（1）停车，向落水者一舷操满舵。

（2）落水者过船尾后，进车加速。

（3）当船首转至与落水者呈 20° 时，正舵，减速，适时停车，利用惯性转至落水者上风侧，把定，接近落水者。

（4）落水者位置难于确认时，应在船首向转过 250° 时正舵，边减速边努力搜寻落水者，发现后立即停车，驶向落水者上风侧。

（5）本法最适用于"立即行动"，是船舶接近落水人员最快、最有效的操纵方法，但不适用于"延迟行动"和"人员失踪"。

（二）双旋回

（1）停车，向落水者一舷操满舵。

（2）落水者过船尾后，进车加速。

（3）回转 180° 后，把定，边盯紧落水者边前行。

（4）当航行至落水者正横后 30° 时，再向落水者一舷操满舵，回转 180°，适时减速、停车，接近落水者上风侧。

（5）本法操纵方便，适用于"立即行动"，较适用于"延迟行动"，不适用于"人员失踪"。

（三）威廉逊旋回

（1）停车，向落水者一舷操满舵。

（2）落水者过船尾后加速。

（3）当船首转过 60° 时，回舵并操另一舷满舵。

（4）当船首转到与原航向之反航向差 20° 时，正舵，待转到原航向的反航向时把定,边搜索边前进,发现落水者后适时减速停车,驶近落水者。

（5）本法能准确地把船转回到原航迹线上,在夜间或能见度不良时是一种有效的方法,最适用于"延迟行动"。

（四）斯恰诺旋回

（1）向任一舷操满舵。

（2）当船首转过 240° 时,改操另一舷满舵。

（3）当船首转到与原航向之反航向差 20° 时,正舵,船随回转惯性驶向反航向时,把定,边航行边搜寻落水者。

（4）本法能在最省时间的情况下,使船驶返原航迹,适用于"人员失踪",不适用于"立即行动"和"延迟行动"。

四、针对紧迫局面、特殊情况的应急计划

船舶应有应急计划来应对紧迫局面、特殊情况。

（一）结构破坏

在制订有关结构破坏的船舶应急计划时应当考虑下列内容。

（1）拉响警报。

（2）召集所有人员。

（3）通知机舱。

（4）停车/微速前进。

（5）操纵船舶,尽量减少船体所受应力。

（6）停止生活区通风。

（7）停止机舱非必要通风。

（8）将船位传送给报房/无线电操作人员/其他自动遇险发射机。

（9）评估沉没/倾斜/失火/漏油的危险度。

（10）启动堵漏预案,但应考虑稳性要求。

（11）如果船舶倾斜加剧,采取补偿措施使船舶重新保持正浮力。

（12）使用堵漏毯。

（13）加固附近舱壁。

（14）准备救生艇/救生筏。

（15）请求岸方协助进行稳性/强度计算。

（16）考虑气象条件及其变化的影响。

（17）如水深允许,考虑抢滩。

（18）万不得已时,考虑抛弃货物。

（19）通知相关部门。

（二）主机失灵

在制订有关主机失灵的船舶应急计划时应当考虑下列内容。

（1）通知救驾驶台。

（2）通知轮机长。

（3）通知船长。

（4）检查分析故障。

（5）显示正确的号灯/号型。

（6）检查船位。

（7）评估船舶危险程度。

（8）报告船长自修的可能性及所需时间。

（9）考虑船舶能否抛锚。

（10）获取天气预报。

（11）计算潮高、潮流及漂移速度。

（12）监控船舶位置。

（13）通知港口当局。

（14）警告过往船舶。

（15）考虑能否得到拖轮协助。

（16）考虑船上是否有备件。

（17）通知公司。

（18）准备紧急拖带。

（19）考虑如果时间允许，能否由公司安排拖带。

（三）舵机失灵

在制订有关舵机失灵的船舶应急计划时应当考虑下列内容。

（1）通知机舱。

（2）启动备用舵机。

（3）转换至非随动操舵方式。

（4）通知船长。

（5）通知轮机长。

（6）显示正确的号灯/号型。

（7）停车。

（8）监控船位。

（9）检查周围船舶动态。

（10）检查舵机。

（11）大副和舵工到舵机间就位。

（12）检查通信设备。

（13）启用应急操舵系统。

（14）以安全航速行驶。

（15）如果舵机无法修复,考虑抛锚。

（16）通知港口当局。

（17）通知公司。

（四）断电

在制订有关断电的船舶应急计划时应当考虑下列内容。

（1）通知驾驶台。

（2）通知轮机长。

（3）通知船长。

（4）显示正确的号灯/号型。

（5）检查船位。

（6）评估船舶危险程度。

（7）警告过往船舶。

（8）考虑抛锚。

（9）检查分析断电的原因。

（10）报告船长自修的可能性及时间。

（11）考虑船上是否有备件。

（12）获取天气预报。

（13）计算潮高、潮流及漂移速度。

（14）监控船位。

（15）通知港口当局。

（16）通知公司。

（五）碰撞

在制订有关碰撞的船舶应急计划时应当考虑下列内容。

（1）拉响警报。

（2）通知船长。

（3）通知机舱。

（4）操纵船舶,尽量减小碰撞的损失。

（5）碰撞发生后停车。

（6）显示船舶失控号灯或号型并打开甲板照明。

（7）召集所有船员。

（8）将船位传送给报房/无线电操作人员/其他自动遇险发射机。

（9）如水深允许,考虑抛锚以防止船舶漂移。

（10）准备放救生艇/救生筏。

（11）如有落水人员，救起落水人员。

（12）如果可能，给受伤人员提供急救。

（13）测量所有液舱的液位。

（14）检查着火/进水/结构损坏/倾覆/油污染的危险。

（15）评定对方船舶的损坏类型和程度。

（16）如有必要，申请岸方援助。

（17）根据碰撞发生的时间（当地时间和格林尼治时间），并根据碰撞时的航行记录仪和自动数据记录仪的数据，在海图上标定船舶实际位置。

（18）说明对方船舶的船名、船籍港和船舶种类。

（19）说明发生碰撞时刻的碰撞角度。

（20）记录本船发生碰撞时刻的航向和速度。

（21）记录对方船舶发生碰撞时刻的航向和速度。

（22）记录所需的避碰措施。

（23）记录本船发生碰撞时刻显示的号灯、号型和使用信号。

（24）记录对方船舶发生碰撞时刻显示的号灯、号型和使用信号。

（25）如果在引航状态下，获得引航员的陈述书。

（26）向对方船舶提交碰撞责任报告并获取签字的证据。

（27）在对方船舶的碰撞责任报告上签署："仅签字确认收到，并未对责任进行任何陈述"。

（28）由船上的专职医生或大副对所有船舶值班人员进行呼吸分析仪测试并收集尿样。

（29）通报相关部门。

（六）搁浅

在制订有关搁浅的船舶应急计划时应当考虑包括内容。

（1）停车，禁止全速倒车。

（2）拉响警报。

（3）通知船长。

（4）显示正确的号灯/号型。

（5）检查船位。

（6）将船位传送给报房/无线电操作人员/其他自动遇险发射机。

（7）控制火源，防止爆炸。

（8）禁止在甲板吸烟。

（9）停止生活区通风。

（10）停止机舱非必要通风。

（11）关闭水密门和防火门。

（12）评估短期内是否有类似倾覆或沉没等威胁船舶和人身安全的紧迫危险。

（13）检查着火／进水／结构损坏／倾覆／油污染的危险。

（14）检查临近船壳的所有舱室。

（15）每隔一定时间测量所有舱室的水深。

（16）测量周围水深。

（17）确定海区底质和倾斜程度。

（18）检查主机的受损情况。

（19）检查尾轴是否漏油。

（20）检查螺旋桨受损情况。

（21）检查搁浅位置的潮差。

（22）考虑搁浅位置潮流的影响。

（23）如果船舶有漂移的危险，向舱内注水或抛锚以稳定船体。

（七）货物移动

在制订有关货物移动的船舶应急计划时应当考虑下列内容。

（1）拉响警报。

（2）通知船长。

（3）改变航向，减速以保持船舶稳定。

（4）检查已发生的货损。

（5）检查是否存在改变目前情况的措施。

（6）停止所有操作。

（7）检查船位。

（8）将船位传送给报房／无线电操作人员／其他自动遇险发射机。

（9）评估船舶危险程度。

（10）如果情况危急，考虑撤离船舶。

（11）将液舱测量值与记录比较。

（12）检查可能的损坏、污染货物的危险。

（13）检查可能的损坏、污染船舶的危险。

（14）在航海日志上记录货物移动的日期、时间和船位。

（15）考虑与装卸和重新堆装、移动货物相关的问题。

（16）考虑绕航到最近港口重新堆装／系固。

（17）考虑抛弃货物。

（18）请求岸方协助进行稳性／强度计算。

（19）考虑气象条件及其变化的影响。

（20）通知有关部门。

（八）货物泄漏污染

在制订有关货物泄露污染的船舶应急计划时应当考虑下列内容。

1. 加油/装卸货油时的操作性溢油检查

（1）拉响警报。

（2）开展船舶应变小组工作。

（3）停止所有装卸、加油作业。

（4）关闭总阀。

（5）停止生活区通风。

（6）停止机舱非必要通风。

（7）确保排水孔已堵塞。

（8）确定泄露位置。

（9）停止或减少油的溢出。

（10）考虑使用手提泵/浮栅/围油栏。

（11）用吸收材料和允许使用的溶解剂清理溢油。

（12）得到当局关于允许使用化油剂的授权。

（13）保证清理小组成员穿着防护服。

（14）警惕任何可能火源。

（15）评估火灾、爆炸危险等级。

（16）考虑降低可疑区域舱柜的油位,将油转驳到别的油柜或空油柜。

（17）考虑将受影响的管线中的油排到空舱或未满舱中。

（18）检查船员是否能够单独处理油污或请求岸上支援。

（19）评估对船舶和第三方财产的损坏或污染程度。

（20）检查货油/燃油损失的数量。

（21）保证导致船上溢油的设备始终处于可控状态。

（22）收集驳油信息(协议泵速、货物的详细资料和特性)。

（23）如果溢油是岸上或驳船过失所引起的,应提交海事声明。

（24）如有必要,对船上的油和溢油分别取样。

（25）对船岸所采取的措施、时间和日期进行详细的记录。

（26）向当地主管机关报告溢油并通知代理和公司。

2. 事故性溢油和有害物质泄露检查

（1）拉响警报。

（2）开展船舶应变小组工作。

（3）停止所有非必要的作业。

（4）显示适当的号灯和号型。

（5）发出适当的声响信号。

（6）驶向溢出区域的上风侧或远离陆地的一侧。

（7）按油污应急计划中规定的标准格式向有关主管机关报告污染的细节。

（8）通知生活区通风。

（9）停止机舱和非必要的通风。

（10）尽快地报告溢油。

（11）连续定位。

（12）确定泄露位置。

（13）停止或减少油类或有害物质的溢出。

（14）准备转移受影响舱室的货物、泵和装卸装备。

（15）考虑降低受影响舱室的液位。

（16）考虑转移受影响舱室的货物。

（17）考虑在受影响舱室内使用水垫。

（18）如果必要，准备减载。

（19）评估火灾、爆炸危险等级。

（20）考虑使用浮栅/围油栏。

（21）使用吸收材料和获得允许使用化油剂的授权。

（22）保证清理小组成员穿着防护服。

（23）警惕任何火源。

（24）警惕有毒气体、烟气的释放。

（25）评定火灾/爆炸/窒息的危险等级。

（26）按照《医疗急救指南》和《国际海运危险货物规则》指导原则对受伤人员提供急救。

（27）考虑非必要船员的撤离。

（28）检查船员是否能够单独处理油污或请求岸上支援。

（29）评估船舶损坏程度。

（30）核对是否需要下水检查。

（31）如有必要，计算强度和稳性。

（32）防止过度横倾。

（33）考虑转移货物以减小应力。

（34）评估货物损坏程度和可能的货物损失。

（35）溢油对其他船舶或第三方财产影像学的详细情况。

（36）评估对船舶、船员和货物的后续损害。

（37）获得溢油事故相关船员的陈述。

（38）如果溢油是由设备故障引起的，船上应保留故障设备。

（39）对船上的油和溢油进行取样。

（40）记录溢油过程和溢油处理过程,检查溢油范围。

（41）确保备妥货物的有关文件。

（42）通知代理和公司。

（九）火灾

在制订有关火灾的船舶应急计划时应当考虑下列内容。

（1）拉响警报。

（2）通知船长。

（3）召集所有有关人员。

（4）操作船舶,将失火部位置于下风侧。

（5）调整航向航速。

（6）如有必要,显示船舶失控的号灯或号型。

（7）将船位传送给报房/无线电操作人员/其他自动遇险发射机。

（8）使用消防员装备探火。

（9）通知驾驶台失火位置。

（10）停止所有作业。

（11）停止机械通风。

（12）启动消防泵。

（13）关闭多余开口。

（14）切断火场电源。

（15）组织灭火小组。

（16）选择最合适的灭火剂(水、泡沫、二氧化碳干粉或沙)。

（17）灭火。

1. 货舱失火

（1）如果舱盖是打开的,用水或泡沫灭火。

（2）小心地打开已失火货舱的舱盖;应确保能够立即关上货舱盖;如果有必要,则准备消防水带(如果可以用水或适当的灭火介质灭火)。

（3）当使用二氧化碳时,火已经减弱到一定程度,温度不再具有威胁,但如果二氧化碳已经不能满足下一轮灭火行动的需要,应保持货舱关闭,直到船舶到港和二氧化碳被再次补充。

（4）当使用二氧化碳时,应当关闭货舱数日。

（5）确保消防水龙头已经安装、接到舱盖排水阀上。

（6）只有采取所有安全措施并确保船员穿合适的安全服后,才允许其进入灭火后的货舱。

2. 机舱失火

（1）对小范围火灾,应根据失火种类,使用手提灭火器进行灭火。

（2）确保所有的机舱通风停止（关闭天窗、门、空气管路和烟道）。

（3）防止油管和油柜漏油。

（4）停止泵／分油机／风机和通风装置的运转。

（5）切断电源。

（6）移走火灾现场附近的可燃材料。

（7）使用二氧化碳前清点机舱内的所有人员。

3. 在港口期间失火

（1）召集消防队，获得岸上援助。

（2）准备国际通岸接头盒、防火控制图。

（3）与当地消防队进行最大限度的合作。

（4）检查龙骨下富余水深，如果很小（1～2 ft①），可避免倾覆。

（5）考虑增加系泊缆绳的数量。

（6）考虑移泊。

4. 生活区域

（1）确保火灾区无人。

（2）移走可燃、易爆材料（气瓶、油漆等）。

（3）小心烟气中毒。

（4）如果大量用水，应考虑船舶的稳定性。

（5）准备医疗援助。

（6）如有必要，放救生艇并安全撤离。

（7）移走燃烧过的物质，如果可能，将其放置在甲板上。

（8）完成灭火收尾工作，将火灾损坏物体扔到船外。

（9）详细记录火灾特点、火灾情况、灭火程序和进程以及火灾对船舶和货物造成的损失。

（10）通知相关部门。

（十）货物抛弃

在制订有关货物抛弃的船舶应急计划时应当考虑下列内容。

（1）检查稳性情况。

（2）检查结构破损情况。

（3）评估船舶危险程度。

（4）能否用其他途径改善状况。

（5）确保所抛弃货物能使船舶稳性符合要求。

（6）如果可能，等待其他接收船舶，但应考虑应力的变化。

① 1 ft=0.304 8 m。

（7）应避免抛弃可能造成污染的油类或有害物质。

（8）应尽可能避免抛弃贵重货物。

（9）遵守当地所有相关规定。

（10）开始作业前通知轮机长。

（11）调整航向和航速。

（12）严格按照计算所得数量抛弃货物。

（13）在海图上标定船舶抛弃货物时的准确位置。

（14）列出所抛弃货物的名称和数量清单。

（15）通知相关部门。

（十一）大量进水

在制订有关大量进水的船舶应急计划时应当考虑下列内容。

（1）通知驾驶台。

（2）拉响警报。

（3）通知船长。

（4）通知机舱。

（5）确定船员/船舶是否处于危险中，依照"弃船"程序弃船。

（6）通知航向和航速。

（7）显示适当的号灯或号型和发出适当的声响信号。

（8）将船位传送给报房/无线电操作人员/其他自动遇险发射机。

（9）启动堵漏预案。

（10）关闭水密门。

（11）确定泄露位置。

（12）评估进水速度。

（13）启动水泵排水。

（14）考虑采用最适当的手段以阻止海水进入船舶，或者减少海水进入量（使用堵漏毯/栓塞/调整纵倾/横倾）。

（15）考虑储备浮力/浮力损失。

（16）考虑大量进水对船舶稳性和强度的影响；

（17）如果船舶倾斜加剧，采取补偿措施使船舶重新保持正浮，但应考虑强度要求。

（18）加固附近舱壁。

（19）检查可能的货物损坏情况。

（20）检查船上是否有危险货物（"遇湿危险"），若有，立即将其移走。

（21）考虑船舶排水时可能造成的污染。

（22）考虑可能的形势恶化。

（23）如水深允许，考虑抛锚或抢滩。

（24）万不得已时，考虑抛弃货物。

（25）详细记录日期、时间和位置，采取措施的进展／结果。

（26）调整相关部门。

（十二）弃船

在制订有关弃船的船舶应急计划时应当考虑下列内容。

（1）拉响警报。

（2）发遇险报。

（3）召集所有人员。

（4）确定撤离方式。

（5）确定撤离舷侧。

（6）查核失踪人员。

（7）所有人员穿好救生衣，带好保暖器具。

（8）所有人员穿着保暖衣服。

（9）驾驶员带好对讲机。

（10）将卫星应急无线电示位标带到指定位置。

（11）将搜救雷达应答器带到指定位置。

（12）多带毛毯和淡水。

（13）做好放救生艇和救生筏的准备。

（14）点名。

（15）发动艇机。

（16）船员登救生艇和救生筏。

（17）解掉缆绳、离开大船。

（18）支起艇罩，关闭进口以保持干燥。

（19）必要时服用晕船药。

（20）定量分配淡水和食物。

（21）按顺序轮流值班，保持瞭望。

（22）确保良好的秩序和坚定信念。

（十三）人员落水／搜救

在制订有关人员落水／搜救的船舶应急计划时应当考虑下列内容。

1. 人员落水

（1）通知值班驾驶员人员落水的舷侧。

（2）投下驾驶台两翼带自亮浮灯的救生圈。

（3）发出人员落水警报。

（4）通知船长。

（5）进入威廉逊旋回。

（6）定位并通知无线电操作人员。

（7）安排专人保持对落水人员的瞭望。

（8）准备放救生艇。

（9）做好随时操作主机的准备。

（10）做好急救准备，备好毛毯。

（11）备好引航梯和安全网。

（12）如果发现落水人员，应调整船舶航向，使预施放的救生艇位于船舶的下风方向。

（13）减速，停车。

（14）放救生艇。

（15）救起落水人员。

（16）如果未能找到落水人员，通知相关部门，并协同其他单位实施搜寻。

2. 搜救

（1）通知轮机长和机舱。

（2）通知公司。

（3）标绘出经风流修正后的搜寻基点。

（4）选择适当的搜寻方式。

（5）安排专人瞭望。

（6）做好随时操作主机的准备。

（7）与其他搜寻船保持联系。

（8）加强定位。

（9）准备放救生艇。

（10）做好急救准备，备好毛毯。

（11）备好引航梯和安全网。

（12）接收天气预报。

（13）如果发现落水人员，应调整船舶航向，使预施放的救生艇位于船舶的下风方向。

（14）减速，停车。

（15）放救生艇。

（16）救起落水人员。

（17）向有关部门报告搜寻与救助的结果。

（18）记录时间及燃油消耗。

（19）将详细过程记入航海日志。

（十四）严重受伤

在制订有关严重受伤的船舶应急计划时应当考虑下列内容。

（1）提供急救。

（2）参考医疗指南、危险事故医疗急救指南及按照建议治疗。

（3）获取有关患者症状的各种信息。

（4）在海上时若对诊断结果表示怀疑，寻求外界的医疗指导（沿岸国家、船舶自动互救系统和无线电医疗）。

（5）参阅英版《无线电信号表》中具体规定发送电文。

（6）将具体细节转发给岸台。

（7）如果病情严重，发送紧急警报以便从附近配有医生的船上及时获得救助。

（8）经常监视伤员的病情，记录观察的结果。

（9）保持通信畅通。

（10）按照岸方建议治疗患者。

（11）向岸方提供最新的信息。

（12）评估患者离船的必要性及其可行性。

（13）计算到达最近港口的航向和预计抵达时间。

（14）请求直升机援助。

（15）通知公司。

（十五）暴力或海盗行为

在制订有关暴力或海盗行为的船舶应急计划时应当考虑下列内容。

1. 预防措施

（1）确定下个航次是否存在遇到海盗、恐怖组织或抢劫的可能性，并在航次计划中采取相关方面的预防措施。

（2）在航次计划中说明沿岸国的详细资料以便在遭到袭击时及时报告。

（3）准备防止袭击的安保计划。

（4）确定可疑的舰筏、人员，统一监测信号（警铃、灯光等）。

（5）防止海盗接近船舶。

（6）减少偷窃货物、个人物品和船舶财产的机会。

（7）确保船员、旅客和船舶的安全。

（8）查阅船舶报告、日志中有关先前遭遇的攻击和采取的防范措施。

（9）准备对抗抢劫的工具（启动消防泵，准备消防水带、信号枪、探照灯、催泪瓦斯和棍棒等）。配备刀、斧以砍断钩索，保持锚链、水阀常开。

（10）提高警惕（实施频繁的随机检查，夜间打开船舶两侧的照明，照射可能发生暴力或海盗行为的区域）。

（11）保持 24 h 安全值班并特别注意船首、船尾。

（12）填写防偷渡检查表并执行（船舶在港口时强盗的同谋者也许已经藏

匿在船上了)。

(13)加强夜间值班(1名值班驾驶员专门负责雷达和瞭望)。

(14)执行巡逻和安全检查,并确保驾驶台与巡逻人员之间的联系。

(15)封锁上船通道,安装防护铁板,锁好门、货舱入口和窗户)。

(16)与船舶周围的船舶、沿海地区保持VHF联系。

(17)将紧急VHF设备放置在远离船长房间、无线电室和无线电操作员的位置,将其位置通报船上所有人员。

(18)建立一个或几个安全区。

(19)将保安计划告知船员。

2.停泊或抛锚时

(1)避免在锚地逗留。

(2)对来访者进行登记,拒绝非许可人员登船。

(3)选择远离航道的锚位。

(4)保持持续的甲板值班。

(5)显示警示标志。

(6)保持锚链管通畅、无杂物。

(7)禁止船员与当地人员进行买卖。

(8)不能完全依赖防海盗值班。

(9)确定附近小艇、可疑船舶的动机。

3.在索马里海域、亚丁湾航行

(1)保持船舶距离索马里东部1 000 n mile以上,距离索科特拉岛200 n mile以上。

(2)亚丁湾航行时,尽量加入中国海军或其他国家海军所护航的船舶编队,如需自行航行,也应航行在海军护航编队推荐航线上。

(3)可疑小船时间驶近本船,应及时采取应急措施,并迅速向联军和公司报告。

4.应急措施

(1)发出警报,启动海盗攻击应急程序。

(2)尽可能地遵循安保计划。

(3)确保船员间适当的联系方式。

(4)增加船舶速度。

(5)如果可能,则向深海方向转向。

(6)值班时保持VHF。

(7)向其他船舶发出无线电广播警报。

(8)将船位传送给报房/无线电操作人员/其他自动遇险发射机。

（9）发射警告火箭。

（10）使用消防水带和其他船舶设备阻止袭击者登船。

（11）割断登船钩绳索。

5. 保护措施

（1）撤离或隐藏到预先安排的安全区域,确保所有船员都在区域内。

（2）保持无线电联系,寻求援助。

（3）不能逞强,海盗也许有武器。

（4）编制被盗/丢失的货物、私人物品、设备和材料清单。

（5）核实是否有船员受伤。

（6）如果船舶被海盗控制,确保船员安全,等待救援。

（7）保存攻击的详细情况记录,记录成功阻止上述攻击的过程和其他有用的观察结果。

（十六）直升机操作

在制订有关直升机操作的船舶应急计划时应当考虑下列内容。

（1）联系岸方,告知船舶的需求。

（2）参考有关资料,评估危险程度。

（3）准备降落地点。

（4）按规定在降落地点做好标记。

（5）移走或固定可移动部件。

（6）关闭所有燃油舱的通风口。

（7）挂好风向标。

（8）备妥消防设备。

（9）准备救生艇（做好放救生艇的准备）。

（10）照亮降落区域,但不致影响直升机驾驶员操作。

（11）驾驶台与甲板保持联系。

（12）与岸方或直升机保持联系。

（13）确定是进行直升机的吊钩作业还是降落作业。

（14）安排熟练地舵工操作。

（15）按照要求操作船舶。

（16）显示正确的号灯/号型。

（17）监控船舶位置。

（18）监控周围船舶的动态。

（19）直升机接近时,不要接触上面的任何绳索。

（20）服从直升机上绞车手的指挥。

（21）询问驾驶员直升机是否应被固定。

（22）解开绑扎设备并从起飞区将其移走。

（23）保持与着陆作业相同的警戒/指导。

（24）确定降落和起飞作业成功并记录降落、起飞和完成的日期、时间。

（十七）恶劣天气损害

在制订有关恶劣天气损害的船舶应急计划时应当考虑下列内容。

1. 预防措施

（1）确保货舱、机舱、住所、走廊和甲板的所有可移动物品已固定。

（2）检查水密门、舱门和舷舱盖的关闭情况。

（3）确保污水系统和压载系统的阀门和泵状态良好，随时可用。

（4）确保各层甲板的泄水孔排水畅通。

（5）确保所有安全设备状况良好并且随时可用。

（6）获得充分的天气资料。

2. 应急措施

（1）通知驾驶台。

（2）通知船长、轮机长。

（3）改变航向和/或航速以减小撞击造成的损失。

（4）检查货物移动、进水/结构损坏/倾覆的危险。

（5）检查船位。

（6）将船位传送给报房/无线电操作人员/其他自动遇险发射机。

（7）保持与船舶所有人的联系。

（8）如果可能，改变航线以避开恶劣天气。

（9）评估船舶遭受的损害。

（10）评估货物遭受的损害。

（11）提交海事声明（包括船舶和货物的损坏情况，其后附航海日志摘要和临近其他船舶的船名）。

任务训练一

一、发布任务

实操题卡：

航行区域：驾驶船舶驶往香港 Green Island 附近。

船舶资料如下。

Ship's Name：Ocean Ship + 本船号。

Call Sign：3FYQ5。

Ship's Type：Container。

Ship LOA：279 m；Beam：40.4 m；Draft：14 m。

Flag：Panama。

Displacement：93 130.0 t。

M. Speed：27.1 kn。

Last Port：Shang Hai。

Destination：Hong Kong。

China Crew Member：23Persons（Including Master）。

初始状态如下。

开始时间：0830（当地时间）。

开始位置：模拟练习指定位置。

航向：270°；航速：17.0 kn。

主机状态：Full Ahead。

船舶吃水：14.0 m for 14.0 m aft.。

航行环境如下。

风：NW/Force 3；流：340°, 0.6 kn；能见度：变化。

驾驶团队：驾驶员、驾驶员助理、瞭望人员、舵工。

场景：船舶正在驶往引航站，主机已备妥且试车完毕；驾驶员正在值班；舵工正在操舵。

任务训练内容：

避碰规则的应用，主要是追越局面的识别与行动、对遇局面的识别与行动、交叉相遇局面的识别与行动。

二、实操标准

掌握避碰规则应用。（50 分）

（一）互见中的避碰应用（15 分）

1. 追越局面的识别与行动（5 分）

（1）评估要素如下。

① 判断会遇局面（包括识别号灯、号型）。

② 判断与识别碰撞危险。

③ 确定让路责任。

④ 让路船的行动符合早、大、宽、清要求，鸣放声号。

⑤ 直航船保向保速、警告，独自采取避碰行动（最有助于避碰的行动）。

（2）评估标准如下。

① 方法、操作或分析正确、熟练。（5 分）

② 方法、操作或分析正确、比较熟练。（4 分）

③方法、操作或分析正确,熟练程度一般。(3分)

④方法、操作或分析情况较差。(2分)

⑤方法、操作或分析情况差。(1分)

⑥无法完成为0分,如果学员因操作不熟练不能及时完成任务或不能安全完成任务,均视为实操失败。

2.对遇局面的识别与行动(5分)

(1)评估要素如下。

①判断会遇局面(包括识别号灯、号型)。

②判断碰撞危险。

③避碰行动符合早、大、宽、清要求,鸣放声号。

④考虑规则中对转向方向的规定。

⑤两船协调行动。

(2)评估标准如下。

①方法、操作或分析正确、熟练。(5分)

②方法、操作或分析正确、比较熟练。(4分)

③方法、操作或分析正确,熟练程度一般。(3分)

④方法、操作或分析情况较差。(2分)

⑤方法、操作或分析情况差。(1分)

⑥无法完成为0分,如果学员因操作不熟练不能及时完成任务或不能安全完成任务,均视为实操失败。

3.交叉相遇局面的识别与行动(5分)

(1)评估要素如下。

①判断会遇局面(包括识别号灯、号型)。

②判断碰撞危险。

③确定让路责任。

④让路船的行动符合早、大、宽、清要求,避免横越他船前方,鸣放声号。

⑤直航船保向保速、警告,独自采取避碰行动(最有助于避碰的行动)。

(2)评估标准如下。

①方法、操作或分析正确、熟练。(5分)

②方法、操作或分析正确、比较熟练。(4分)

③方法、操作或分析正确,熟练程度一般。(3分)

④方法、操作或分析情况较差。(2分)

⑤方法、操作或分析情况差。(1分)

⑥无法完成为0分,如果学员因操作不熟练不能及时完成任务或不能安全完成任务,均视为实操失败。

（二）能见度不良时的避碰应用（15分）

1. 转向避碰（正横前来船、正横和正横后来船，船舶操纵性影响）（5分）

（1）评估要素如下。

① 判断碰撞危险（使用有效手段，包括听觉、雷达、VHF、AIS、VTS、雾号等）。

② 雷达标绘或与其相当的系统观察。

③ 识别他船的种类、动态，判断会遇态势。

④ 规则对转向方向的要求和限制。

⑤ 考虑他船的行动及船舶操纵性对避碰效果的影响，避碰措施符合规则以及良好船艺要求，保证操纵安全。

（2）评估标准如下。

① 方法、操作或分析正确、熟练。（5分）

② 方法、操作或分析正确、比较熟练。（4分）

③ 方法、操作或分析正确，熟练程度一般。（3分）

④ 方法、操作或分析情况较差。（2分）

⑤ 方法、操作或分析情况差。（1分）

⑥ 无法完成为0分，如果学员因操作不熟练不能及时完成任务或不能安全完成任务，均视为实操失败。

2. 减速或把船停住（5分）

（1）评估要素如下。

① 判断碰撞危险（使用有效手段，包括听觉、雷达、VHF、AIS、VTS、雾号等）。

② 采用雷达标绘或与其相当的系统观察。

③ 识别他船的种类、动态，判断会遇态势。

④ 考虑规则中对减速或把船停住的要求。

⑤ 行动符合规则以及良好船艺要求，保证操纵安全。

（2）评估标准如下。

① 方法、操作或分析正确、熟练。（5分）

② 方法、操作或分析正确、比较熟练。（4分）

③ 方法、操作或分析正确，熟练程度一般。（3分）

④ 方法、操作或分析情况较差。（2分）

⑤ 方法、操作或分析情况差。（1分）

⑥ 无法完成为0分，如果学员因操作不熟练不能及时完成任务或不能安全完成任务，均视为实操失败。

3. 多船会遇综合避碰行动(5分)

(1)评估要素如下。

① 判断碰撞危险(使用有效手段,包括听觉、雷达、VHF、AIS、VTS、雾号等)。

② 采用雷达标绘或与其相当的系统观察。

③ 识别他船的种类、动态,判断会遇态势。

④ 考虑规则中对转向、减速或把船停住的要求。

⑤ 考虑他船的行动,避碰措施行动符合规则以及良好船艺要求,避免形成另一种紧迫局面。

(2)评估标准如下。

① 方法、操作或分析正确、熟练。(5分)

② 方法、操作或分析正确、比较熟练。(4分)

③ 方法、操作或分析正确,熟练程度一般。(3分)

④ 方法、操作或分析情况较差。(2分)

⑤ 方法、操作或分析情况差。(1分)

⑥ 无法完成为0分,如果学员因操作不熟练不能及时完成任务或不能安全完成任务,均视为实操失败。

(三)特殊水域的避碰应用(20分)

1. 狭水道的航行与避碰(20分)

(1)评估要素如下。

① 识别和判断碰撞危险。

② 理解早、大、宽、清要求并行动。

③ 符合在狭水道右行规定。

④ 鸣放"追越声号",弯道航行时鸣放一长声声号。

⑤ 符合不应妨碍的规定。

(2)评估标准如下。

① 方法、操作或分析正确、熟练。(20分)

② 方法、操作或分析正确、比较熟练。(16分)

③ 方法、操作或分析正确,熟练程度一般。(12分)

④ 方法、操作或分析情况较差。(8分)

⑤ 方法、操作或分析情况差。(4分)

⑥ 无法完成为0分,如果学员因操作不熟练不能及时完成任务或不能安全完成任务,均视为实操失败。

2. 分道通航制水域的航行与避碰(20分)

(1)评估要素如下。

① 使用分道通航制的方法。

② 符合穿越船的航法和规定。

③ 掌握穿越分隔线或分隔带的时机以及沿岸通航带的使用方法。

④ 符合不应妨碍的规定。

⑤ 了解分道通航制航法与避碰的关系。

（2）评估标准如下。

① 方法、操作或分析正确、熟练。（20分）

② 方法、操作或分析正确、比较熟练。（16分）

③ 方法、操作或分析正确，熟练程度一般。（12分）

④ 方法、操作或分析情况较差。（8分）

⑤ 方法、操作或分析情况差。（4分）

⑥ 无法完成为0分，如果学员因操作不熟练不能及时完成任务或不能安全完成任务，均视为实操失败。

三、实操评分

根据考生操作的规范性、准确性及回答问题的准确性等情况具体判断。

任务训练二

一、实操题卡

考试时间：90分钟。

总分：100分。

及格：60分。

工作任务：驾驶台资源管理——人员落水。

适用对象：500总吨及以上船舶驾驶员

实操要求：组成驾驶台团队，准备时间15分钟，根据下述指令完成全部操作。

内容：驾驶船舶驶往香港的Green Island附近。

船舶资料如下。

Ship's Name: Ocean Ship + 本船号。

Call Sign: 3FYQ5。

Ship's Type：Container。

Ship Loa: 279 m；B: 40.4 m；Draft: 14 m。

Flag：Panama。

Displacement: 93 130.0 t。

Max. Speed：27.1 kn。

Last Port: Green Island。

Destination：Hong Kong。

China Crew Member：23Persons（Including Master）。

初始状态：开始时间为 0830 Local Time。

开始位置：模拟练习指定位置。

航向：2708；航速：17.0 kn。

主机状态：Full Ahead。

船舶吃水：14.0 m for 14.0 m aft.。

航行环境：风：NW/Force 3；流：3408 x0.6 knots；能见度：变化。

驾驶团队：驾驶员、驾助、舵工、瞭望人员。

场景：船舶正在驶往引航站，主机已备妥且试车完毕。

1. 驾驶台资源管理（BRM）（50 分）

① 计划。（10 分）

制订通过指定水域计划。（5 分）

制订"偶发事件计划"。（5 分）

② 资源与管理。（5 分）

③ 驾驶台团队工作。（5 分）

④ 领导决策。（5 分）

⑤ 通信沟通。（5 分）

⑥ 偶发事件与应急。（10 分）

⑦ 具有情景意识。（10 分）

二、实操标准

驾驶台资源管理（BRM）。（50 分）

（一）计划（10 分）

1. 制订通过指定水域计划（5 分）

（1）评估要素如下。

① 明确任务（本次操作的具体任务及注意事项）。

② 计划有可行性（分析有利与不利因素，提出阶段或关键点的航法与操纵技术）。

③ 信息有完整性。

④ 资源的利用和安排妥当。

⑤ 人员的组织和安排合理，符合各种情况下的协作、沟通与通信要求以及监督船位要求。

（2）评估标准如下。

① 方法、操作或分析正确、熟练。（5 分）

② 方法、操作或分析正确、比较熟练。（4 分）

③方法、操作或分析正确,熟练程度一般。(3分)

④方法、操作或分析情况较差。(2分)

⑤方法、操作或分析情况差。(1分)

⑥ 无法完成为0分,如果学员因操作不熟练不能及时完成任务或不能安全完成任务,均视为实操失败。

2.制订"偶发事件计划"(5分)

偶发事件包括引航计划变更、通航拥挤、船舶设备故障、突遇能见度不良、货物移位等。

应急事件包括碰撞、搁浅或触礁、溢油、人员落水、船舶失控等。

(1)评估要素如下。

① 明确可能发生偶发事件。

② 明确偶发事件的危害。

③ 明确偶发事件的应对程序。

④ 明确偶发事件的应对措施。

⑤ 明确偶发事件发生时人员的组织和安排。

(2)评估标准如下。

① 方法、操作或分析正确、熟练。(5分)

② 方法、操作或分析正确、比较熟练。(4分)

③ 方法、操作或分析正确,熟练程度一般。(3分)

④ 方法、操作或分析情况较差。(2分)

⑤ 方法、操作或分析情况差。(1分)

⑥ 无法完成为0分,如果学员因操作不熟练不能及时完成任务或不能安全完成任务,均视为实操失败。

(二)通过指定水域实际操作(40分)

1.资源的排序、组织、协调与使用(5分)

(1)评估要素如下。

① 明确可利用的资源。

② 明确资源的排序。

③ 明确资源的组织。

④ 明确资源的协调。

⑤ 明确资源的使用与管理。

(2)评估标准如下。

① 方法、操作或分析正确、熟练。(5分)

② 方法、操作或分析正确、比较熟练。(4分)

③ 方法、操作或分析正确。熟练程度一般。(3分)

④ 方法、操作或分析情况较差。(2分)

⑤ 方法、操作或分析情况差。(1分)

⑥ 无法完成为0分,如果学员因操作不熟练不能及时完成任务或不能安全完成任务,均视为实操失败。

2. 驾驶台团队工作(5分)

(1)评估要素如下。

① 团队成员沟通。

② 团队协作。

③ 识别可能的协作失误及危害。

④ 采取消除协调失误的措施。

⑤ 内部与外部通信。

(2)评估标准如下。

① 方法、操作或分析正确、熟练。(5分)

② 方法、操作或分析正确、比较熟练。(4分)

③ 方法、操作或分析正确,熟练程度一般。(3分)

④ 方法、操作或分析情况较差。(2分)

⑤ 方法、操作或分析情况差。(1分)

⑥ 无法完成为0分,如果学员因操作不熟练不能及时完成任务或不能安全完成任务,均视为实操失败。

3. 偶发事件与应急(10分)

(1)评估要素如下。

① 识别偶发应急事件。

② 处理偶发事件或启动应急反应程序。

③ 做出对偶发事件的决策。

④ 处理偶发事件。

⑤ 偶发事件发生时组织和安排人员。

(2)评估标准如下。

① 方法、操作或分析正确、熟练。(10分)

② 方法、操作或分析正确、比较熟练。(8分)

③ 方法、操作或分析正确,熟练程度一般。(6分)

④ 方法、操作或分析情况较差。(4分)

⑤ 方法、操作或分析情况差。(2分)

⑥ 无法完成为0分,如果学员因操作不熟练不能及时完成任务或不能安全完成任务,均视为实操失败。

4. 救助落水人员的应急操作（10分）

从以下三项应急操作中任选一项。

（1）单旋回操船救助。（10分）

评估要素有反应程序、操纵过程、操纵结果、落水人员搜寻结果、减速接近落水者。

评估标准如下。

① 方法、操作或分析正确、熟练。（10分）

② 方法、操作或分析正确、比较熟练。（8分）

③ 方法、操作或分析正确，熟练程度一般。（6分）

④ 方法、操作或分析情况较差。（4分）

⑤ 方法、操作或分析情况差。（2分）

⑥ 无法完成为0分，如果学员因操作不熟练不能及时完成任务或不能安全完成任务，均视为实操失败。

（2）威廉逊旋回操船救助。（10分）

评估要素有反应程序、操纵过程、操纵结果、落水人员搜寻结果、减速接近落水者。

评估标准如下。

① 方法、操作或分析正确、熟练。（10分）

② 方法、操作或分析正确、比较熟练。（8分）

③ 方法、操作或分析正确，熟练程度一般。（6分）

④ 方法、操作或分析情况较差。（4分）

⑤ 方法、操作或分析情况差。（2分）

⑥ 无法完成为0分，如果学员因操作不熟练不能及时完成任务或不能安全完成任务，均视为实操失败。

（3）斯恰诺旋回法救助。（10分）

评估要素有反应程序、操纵过程、操纵结果、落水人员搜寻结果、减速接近落水者。

评估标准如下。

① 方法、操作或分析正确、熟练。（10分）

② 方法、操作或分析正确、比较熟练。（8分）

③ 方法、操作或分析正确，熟练程度一般。（6分）

④ 方法、操作或分析情况较差。（4分）

⑤ 方法、操作或分析情况差。（2分）

⑥ 无法完成为0分，如果学员因操作不熟练不能及时完成任务或不能安全完成任务，均视为实操失败。

5. 紧迫局面、特殊情况避碰(10分)

(1)互见中紧迫局面的避碰行动。(5分)

评估要素如下。

① 判断紧迫局面。

② 考虑规则中对采取行动的要求。

③ 采取适当的避碰措施。

④ 考虑他船的行动避碰措施行动符合规则以及良好船艺要求,避免形成另一种紧迫局面。

⑤ 过程总体评价。

评估标准如下

① 方法、操作或分析正确、熟练。(5分)

② 方法、操作或分析正确、比较熟练。(4分)

③ 方法、操作或分析正确,熟练程度一般。(3分)

④ 方法、操作或分析情况较差。(2分)

⑤ 方法、操作或分析情况差。(1分)

⑥ 无法完成为0分,如果学员因操作不熟练不能及时完成任务或不能安全完成任务,均视为实操失败。

(2)互见中难以避免碰撞的紧急操纵行动(5分)

评估要素如下。

① 考虑紧迫危险的判断。

② 考虑规则中对背离规则采取行动的要求。

③ 采取适当的紧急措施。

④ 考虑规则以及良好船艺要求,避免或减小碰撞损失。

⑤ 过程总体评价。

评估标准如下。

① 方法、操作或分析正确、熟练。(5分)

② 方法、操作或分析正确、比较熟练。(4分)

③ 方法、操作或分析正确,熟练程度一般。(3分)

④ 方法、操作或分析情况较差。(2分)

⑤ 方法、操作或分析情况差。(1分)

⑥ 无法完成为0分,如果学员因操作不熟练不能及时完成任务或不能安全完成任务,均视为实操失败。

三、实操评分

根据考生操作的规范性、准确性及回答问题的准确性等情况具体判断。

参考文献

[1]《党的二十大报告学习辅导百问》编写组.党的二十大报告学习辅导百问 [M].北京:学习出版社,党建读物出版社,2022.

[2]《二十大党章修正案学习问答》编写组.二十大党章修正案学习问答 [M].北京:党建读物出版社,2022.

[3] 中国海事服务中心.航海学:航海气象与海洋学.[M].北京:人民交通出版社,2012.

[4] 中国海事服务中心.海船船员适任证书知识更新 [M].北京:人民交通出版社,大连:大连海事大学出版社,2012.

[5] 方泉根.雷达观测与模拟器 [M].北京:中华人民共和国海事局,2001.

[6] 中华人民共和国海事局.中华人民共和国海船船员适任评估规范 [M].大连:大连海事大学出版社,2012.

[7] 高亮,李良修.电子海图操作与应用 [M].青岛:中国海洋大学出版社,2014.

[8] 李良修,高亮.航线设计 [M].青岛:中国海洋大学出版社,2017.

[9] 臧恒源,韩建帅.航海仪器使用 [M].青岛:中国海洋大学出版社,2014.

[10] 董冲,杨森荣.雷达操作与应用 [M].青岛:中国海洋大学出版社,2014.

[11] 杨森荣,李良修.驾驶台资源管理 [M].青岛:中国海洋大学出版社,2017.

[12] 柴旭涛.船舶操纵与避碰(上册:船舶操纵)[M].大连:大连海事大学出版社,2014.

[13] 交通运输部办公厅.交通运输部办公厅关于发布《海船船员培训大纲(2021版)》的通知 [EB/OL].[2021-08-19].www.gov.cn/zhengce/zhengceku/2021-10/12/content_5642026.htm.

[14] 中华人民共和国海事局译.1978年海员培训发证和值班标准国际公约马尼拉修正案(中英文对照)[M].大连:大连海事大学出版社,2010.